上松恵理子 編著

小学校に
プログラミング
がやってきた！

超入門編

三省堂

装幀・本文デザイン　松田行正+梶原恵

はじめに

　この本は、プログラミングとはなんだろう、プログラムを学ぶとどのようなよいことがあるのだろう、プログラムを作る方法としてどのような作り方があるのだろう、そしてプログラミングを学ぶのにはどのようにするのがよいのだろう、という疑問に答えるものです。

　現在、日本の小学校でプログラミングを必修化しようという動きがあります。でもなぜ、プログラミングが必要なのでしょうか？　今、私たちの日常は、コンピュータ無しでは生活ができない状況になってきています。私たちはスマートフォン（その中身はコンピュータです）を使って調べたり、仲間と連絡し合ったりしながら暮らしていますし、職場に行けばパソコンを使ってさまざまな仕事をしています。

　企業や社会全体もそうです。企業では経理や品物の管理、商品の企画やプランニング、社員どうしの連絡などをコンピュータで行っています。外に出れば、電車やバスや航空機などの交通手段もコンピュータで制御されていますし、公的機関に情報を登録したり証明書をもらったりするときも、すべてコンピュータで情報が取り扱われています。

　また現在、ロボットが社会のさまざまなところで活躍していますが、これもその動きはコンピュータによって制御されています。人工知能という言葉を聞いたことがあるでしょうか。人工知能というのはひらたく言えば、コンピュータに「学ぶ」「学んだことに基づいて推論する」「判断する」といった、人間と同様の知的な活動をさせる技術のことですが、ロボットなどの

さまざまな場所で人工知能の技術が使われ、コンピュータが「知的な」活動を作り出しています。今は人間にしかできない仕事でも、近い将来コンピュータにとって代わられてしまうだろう、という人もいます。

　しかし、飛行機もロボットも人工知能もすべて、人間がプログラムを作ってコンピュータに与えることで、すべての動作ができあがっているのです。言い換えれば、プログラミングによって便利なものや新しいものがたくさん作り出され、その上で成り立っている社会が今日の情報社会です。

　たとえば、今日の小学生が大人になったときに就く職業の65%は、現在まだ存在していないものである、と言われています。そのような新しい職業の多くは、コンピュータと深く関係してくるでしょう。ですから、これからの社会を担っていく子どもたちが、コンピュータやプログラミングについてきちんと学び理解していることは、本人が将来重要な仕事を任される大人になるためと、私たちの社会がこれからも繁栄していくために必要なことなのです。

　でも待ってください。「これまでの経験では、パソコンの使い方は確かに大切だったけれど、自分でプログラムを作ることまでは必要が無かった。誰か専門家が作ったプログラムを使えれば十分じゃないの？」そのように言う人がいらっしゃるかも知れません。

　確かにこれまでは「使えるだけ」で済んでいたかも知れません。しかし、これからの世の中では、自分でプログラムを作ったり手直ししたりする「体験」を持っておくことがとても大切です。だから今後、小学生全員がプログラミングを必修でやることになったのです。

この本は、初めから読む必要はありません。好きな場所から読んでください。このことは、どのプログラミングにも共通することです。どのような方法で行うかは、皆さんが決めるのです。そして学び方にもいろいろな方法があることを知ってください。

　世界では小学校1年生からプログラミングが必修化されている国もあります。皆さんが、プログラミングの世界を楽しいと思うことができるようにこの本を編んでみました。さあ、プログラミングの世界へようこそ!

編著者

目次

はじめに ... 003

SECTION1 プログラミングでつく新しい力 ... 009

- **1.1** コンピュータの可能性を理解する ... 011
- **1.2** コンピュータの性質がわかる ... 012
- **1.3** いろいろな見方・考え方 ... 013
- **1.4** 表現力・創造力 ... 014
- **1.5** 未来の自分が活かせる力 ... 015

SECTION2 プログラミング言語のものさし ... 017

- **2.1** ものさし1：テキスト型か、グラフィクス型か ... 021
- **2.2** ものさし2：教育用か、汎用か ... 025
- **2.3** ものさし3：機器制御か、ソフトのみか ... 029
- **2.4** プログラミング言語の地図を描く ... 033

SECTION3 さまざまなプログラミング言語 ... 035

- **3.1** 言語1：ビスケット ... 038
- **3.2** 言語2：アルゴロジック ... 044
- **3.3** 言語3：スクラッチ ... 048
- **3.4** 言語4：ドリトル ... 052
- **3.5** 言語5：JavaScript ... 056
- **3.6** 言語6：VBA ... 058

3.7 言語7・8：RubyとPython ―― 060
3.8 言語9：C言語 ―― 063
3.9 言語10・11：C++とJava ―― 065

SECTION4 プログラミングの学び方 ―― 069
4.1 「離陸」して、それを維持しよう ―― 073
4.2 自分のレベルに合ったチャレンジを ―― 076
4.3 自分の問題を解くことを楽しむ ―― 079
4.4 ファシリテーションが重要 ―― 081
4.5 自分に合うプログラミング言語・環境を使おう ―― 083

SECTION5 プログラミングの未来 ―― 085
5.1 プログラミングと教育 ―― 091
5.2 情報学とコンピューテーショナルシンキング ―― 093

SECTION6 世界のプログラミング教育 ―― 099
6.1 フィンランドの事例 ―― 102
6.2 スウェーデンの事例 ―― 109
6.3 デンマークの事例 ―― 115
6.4 オーストラリア、クイーンズランド州の事例 ―― 118
6.5 韓国の事例 ―― 123

おわりに ―― 128

簡略用語集 ……………………………………………………… 132
主要索引 ………………………………………………………… 136
主要参考文献 …………………………………………………… 139
著者紹介 ………………………………………………………… 141

SECTION 1

プログラミングでつく新しい力

それではいよいよ本題に入ることにして、まずプログラミングを学ぶことでどのような新しい力が身につくのか、ということから考えていきたいと思います。

　プログラミングを学ぶのは、プログラムを作る人が足りないからとか、将来プログラマになったら食いっぱぐれないから、とかだと思いますか？　それは違うのです。もちろん、プログラムを作る人には、これからも大きな需要があるでしょうけれど、義務教育には特定の職業のために学ぶ内容は含まれるべきではありません。

　では論理的に考える力がつくからでしょうか？　もちろん、プログラムはきちんと筋道立てて考えなければできませんから、プログラミングを学ぶことで論理的に考える習慣はつきます。でもそれは数学や理科など他の科目でもやっていることですね。

　ここで「はじめに」の内容を少しだけ振り返ってみましょう。現代の社会はこれまでにないほどコンピュータが活躍していて、それについて知っている人がこれからの社会を作っていかなければならない、というのがそのあらすじでした。

　上で書いたことも含めて整理すると、プログラミングを学ぶことによって身につく力というのは、次のようなものだと言えるでしょう。

- これまでに無いような「新しい」力である。（コンピュータの可能性を理解する）
- 特定分野の専門家になるための力ではなく、「今後の世の中で誰もが持っていてほしい」力である。（みんながコンピュータの性質をわかる）
- その力を持つと、社会にとってよいことがある。（いろいろな見方・考え方ができる）
- その力を持つと、本人にとってよいことがある。（表現力・創造力がつく）

　なんだかすごそうですが、ではどのような力かということを、以下で1つずつ説明していきましょう。

1.1 コンピュータの可能性を理解する

　皆さんは、コンピュータがどのような性質を持ち、何が得意で、何が不得意か、わかっていますか？　自分はプログラムは書かないけれど、コンピュータはずっと使っているから、それがどういうものかはよくわかっている、と言う人がいます。本当でしょうか？　コンピュータは決まったことしかできない、と言う人がいます。本当でしょうか？

　そういう人たちが言っていることは、コンピュータの性質ではなくて、実はその人たちが使っているソフトウェア（プログラム）の性質にすぎない、ということがよくあります。

　もうできているソフトをいくら触っても、その動作はソフトを作った人が「こうしよう」とたまたま決めたことから成り立っていて、それがわかるだけです。ですから、それをたくさん体験しても、コンピュータ一般のことがわかるとは言えないのです。決まったことしかできない？　それは決まったことしかできないプログラムだからではないでしょうか？

　実際には、プログラムを作れば、コンピュータは「なんでもできます」。つまり、プログラムを作るときには、「こういうことをコンピュータにやらせたい！」と自分で「なんでも」決めてよいのです。そして「それをどうやって実現しようか？」も自分で考える必要があります。やり方さえ思いつければ、すごくとっぴょうしもないことでも、きちんと実行させられます。

　ですから、プログラムを作ってみるということこそ、コンピュータの無限の可能性に触れる機会であり、まさにコンピュータの可能性そのものを体験する、ということなのです。

1.2 コンピュータの性質がわかる

　コンピュータはとても単純で、プログラムに書かれた通りのことを本当にその通りに実行します。ですから、プログラムを作ってみるということは、そんなコンピュータの単純さを体験する機会となります。

　コンピュータは複雑で難しくて、単純なんかじゃない、と思う人がいるかも知れません。それは違っています。コンピュータそのものは「単純なことを」「ものすごい速さで」実行する機械です。プログラムはその単純な動作をたくさん積み上げることで、複雑なことを記述できます。コンピュータはものすごい速さなので、そのたくさんの動作を平気で実行するので、複雑なことができるのです。

　ソフトウェアを外側から使うだけの人は、複雑だ、難しい、決まったことしかできない、などと感じるだけかも知れません。しかし、プログラムを作ってみると、その「決まったこと」はプログラムにそう書いてあるからそうなのだ、ということと、プログラムをもっと頑張って作れば、その分だけいろいろなことができるようになる、ということもわかってきます。

　日常生活では、私たちはとても柔軟で臨機応変なやり方で活動しています。その臨機応変さは実はとても複雑なものです。現在のコンピュータが単純なのは、まだコンピュータの技術が十分に進歩していないからかもしれません。でもとりあえず、現在のコンピュータで仕事をしていかなければなりません。コンピュータの単純さをわかっておくことで、コンピュータに合った仕事のやり方を考えたり実践できたりするようになります。

1.3 いろいろな見方・考え方

　プログラムの特徴として、同じ動作をするプログラムが何通りにも書ける、つまりプログラミングでは答えは1つではない、ということが挙げられます。そして答えが1つだけでない問いにチャレンジすることで、いろいろなものの見方や考え方に基づいた体験ができます。

　残念ながら、今の日本では「1つだけある正解に早く到達する」ことが重視されています。それはたとえば「テストでいい点をとっていい大学に入るのが大切」という価値観から来ているのですが、これは何もかもが未知なこれからの世の中には全く合っていません。

　世の中の問題の多くは、解決のしかたも多様で、それぞれの解法にそれなりの正しさが含まれています。プログラミングにも大いにそのような性質があります。プログラムの中の1つずつの命令は単純なので、自分がやりたいことを、どのように分解してそれらの命令にあてはめるか、というところがプログラミングの鍵になります。柔軟にさまざまな見方ができると、アイデアがうまく出せて、プログラミングも上達します。

　ですから、子どもたちに早くからプログラミングを体験してもらい、「正解は1つではない」「いろいろな見方が大切な」状況を身をもって知ってもらうことは、これからの世の中を生きていく上でとても大切です。

1.4 表現力・創造力

　プログラムを作ることは、自分のアイデアを形にする強力な表現手段であり、しかも作ったものが動きます。動く絵を作り出すことも、聞いたことのないような音楽を作り出すことも、遊んだことがないゲームを作り出すことも、アイデア次第でできるのです。

　絵を描いたり、工作をしたり、楽器を演奏したり、歌ったりすることで表現や創造を楽しめるでしょ、と言われることがあります。もちろん、それらもとても素敵で大切です。子どもたちにはさまざまな形の表現を体験してもらいたいですよね。その1つに、ぜひプログラミングを加えてください。

　プログラムを作ることは、工具や防音室や汚れてもいい部屋がなくてもできますし、手先が器用でなくてもできます。じっくり考えることができさえすれば、何も障害はないのです。これはとても魅力的なことです。そして皆さんはコンピュータがさまざまな場面で活躍しているのをすでに知っていますね。それはすべてプログラミングでできるわけです。プログラミングでは、できることが非常に幅広いのです。ですから、多くの子どもたちにとって、プログラミングは強力な表現手段・自己実現の手段となるのです。

1.5 未来の自分が活かせる力

　プログラミングを体験してそれが好きになったら、もっとそれを突き詰めて、将来その専門家になりたいと思うかも知れません。そのような専門家が育っていくことは、日本がこれからも発展していくために必要なことです。

　日本人でソフトウェア技術の方面で活躍している人はたくさんいます。そのような人たちはたいてい、ふとしたきっかけからコンピュータとプログラムに接して、好きになって、それでその仕事に就くようになっています。プログラミングの世界では好きなことが仕事に繋げられます。

　また、プログラムやコンピュータとは別のことが好きで、その仕事をするようになったときも、その仕事でコンピュータを道具として使うことが今ではとても多くなっています。そのときに、既存のソフトウェアでは済まない、新しいプログラムが必要なことは必ずあります。そこで簡単なプログラムを自分で作れれば、誰かに頼むよりもずっとうまく仕事がこなせると思います。

　さらに、仕事の上でコンピュータを使ったシステムを考えたり専門家にソフトウェアを発注するような場合にも、自分でプログラミングをやった体験がある方がうまく行くはずです。コンピュータの厳密な考え方を体験しておくことで、コンピュータに合った仕事のやり方を考えたり実践できたりするようになります。

　さて、いかがでしょう、こんなにいろいろな力がつきますね。ここまでに挙げた5点が私たちの考える最も重要な「プログラ

ミングでつく新しい力」ですが、ほかにもいくつもプログラミングを学ぶ理由が考えられます。集中力がついたり、将来に役立ったりと、一石五鳥も六鳥もあるわけです。

　しかも実は、プログラミングを学ぶのは苦しくて大変なことではなく、逆に楽しくて思わず熱中してしまうようなことなのです。そもそも、人間は「楽しくて思わず熱中してしまう」ときに知らず知らずのうちにたくさんのことを学び取っているものではないでしょうか。そして、プログラミングには実際そのような熱中させてくれる側面がたくさんあります。

　では具体的にどういう環境を選んで、どういう風にやっていったら、楽しく、熱中して、多くのことを学べるのでしょうか? それは、次の章以降で検討していきます。

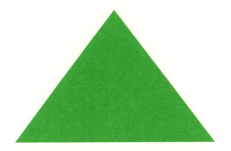

SECTION 2
プログラミング言語のものさし

「プログラミング言語」というタイトルにぎょっとした方がいらっしゃるかも知れませんね。言語って何でしょう。日本語や英語は言語ですが、人と人が会話したり文章で伝えたりするための言語……「自然言語」です。

これに対し、コンピュータに命令を伝えるのに……つまり、プログラムを書くのにも、そのための「書き方」、つまり言語があるのです。そしてこの「書き方」は、コンピュータの技術者がさまざまな必要性のために設計し、作り出しています。つまりコンピュータに命令を伝えるための「人工言語」が、プログラミング言語なのです。

「さまざま」とあるように、プログラミング言語にはとてもたくさんの種類があります。コンピュータの歴史が浅かったころは、どのようにプログラミング言語を作るのがいいのか、あまりわかっていなかったので、その研究のためもあって、用途ごとにいろいろな言語が作られました。たとえば、Fortran（フォートラン）という言語は科学技術計算のプログラムを書くために作られましたし、COBOL（コボル）という言語は事務計算（典型的にはお金の計算や伝票作成などですね）のプログラムを書くために作られました。

そしてその結果、1つの言語でさまざまな用途のプログラムを作ることができる、ということがわかってきました。その一方で今度は、「誰が」プログラムを書くのか、「どんなときに、どんなふうに」プログラムを書くのか、という「人間の」側の都合に合わせて、さまざまな言語が使い分けられるようになってきています。

さまざまと言っても、この本は子どもたちがプログラミングをするにはという本なので、そういう子ども向けの言語は決まっ

ているのでは? と思われる方もいるかも知れません。確かに20年くらい前はそういう感じでしたが、今ではそうではないのです。さまざまな大人たちがさまざまな言語を使っているのと同じくらい、子どもたちが使う言語もいろいろなものがあります。

では、その中からどうやって言語を選んだらいいのでしょうか? 具体的な言語の紹介は次の章からになりますが、その前にこの章の残りでは、さまざまなプログラミング言語をくらべ

図1 教育に使うプログラミング言語のマップ

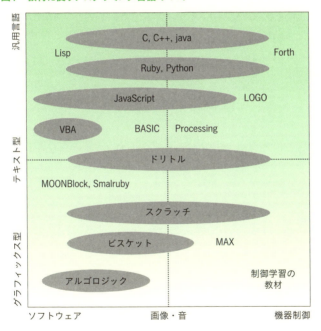

る「ものさし」について紹介します。

　そして、少し順番が前後しますが、その「ものさし」を使って、さまざまな言語の守備範囲を表す地図を作ってみました（図1）。この地図において、楕円で囲んだ言語はこのあとの章で説明しているものです。そのほかにもいくつかの言語が記入してありますが、それらについては興味があれば検索などで調べてみてください。

　このあと説明する「ものさし」は、このように地図で整理する役にも立ちますし、なによりもいろいろな言語をこの「ものさし」ではかって、あなたのお子さん、あなたの生徒さんにどの言語を使ってもらうかを、じっくり検討してください。

2.1 ものさし1：テキスト型か、グラフィクス型か

　テキストとは「文字」のことで、テキスト型のプログラミング言語とは文字を並べてプログラムを書くようなプログラミング言語を言います。

　プログラムなんてどれも文字を使って書くに決まっているのでは、と思われるかも知れません。とくにコンピュータの歴史の始めの方では、文字を扱う機能しかないコンピュータが多数だったので、プログラミング言語も文字で書くテキスト型ばかりでした。

　テキスト型の言語の利点と弱点を表1と表2にまとめておきます。テキスト型の利点は、そのような長い歴史で示されている記述力や大規模なプログラムを作成する実績などが主だと言えます。

表1　テキスト型言語の利点

○ **表現力が大きい**
　もともと人間は、文字を用いてさまざまな新しいことがらを記述してきました。ですから、プログラミングという新しいものが現れたときにも、まず文字で記述する方法が作られたと言えます。プログラミングに役立つ新しい概念が発明されたときも、文字を使う言語なら、その概念を表す語とそのための書き方を追加することで、比較的容易に対応できます。

○ **修正や追加などが容易**

文字で書かれた内容を修正したり追加したりするやり方はワープロソフトなどでよく知られています。文字を用いる言語であれば、プログラムもそれと同じようにして効率よく入力や修正ができます。

○ **大量の複雑な記述が可能**
文字で書かれたものには複雑なものや膨大な分量のものがあります。それと同じで、文字でプログラムを書く場合は、かなり複雑なもの、大きなものでも作成できるという実績があります。

表2　テキスト型言語の弱点

△ **書き方を覚えて、それに従って書く必要がある**
これはまさに英語などと同じで、語順が違っていたり、単語の選択がおかしかったりすると「通じません」。英語など自然言語では身ぶりで補ったり相手が柔軟に対応したりしてくれますが、コンピュータではそうはいかず、「エラーがあります」と言われるだけなので大変です。

△ **ぱっと見てわかりにくい**
文字で書かれたものは、図などと違って、文字の内容を読み取って理解しなければ何をやっているのかわかりません。ですからどうしても、ぱっと見ただけではわかりにくいということになります。

一方、テキスト型の最大の弱点は「書き方の規則を覚える必

要がある」ことで、それができていないとエラーばかりで何も動かせません。子どもたちがプログラミング学習をするときはとくに、このことが大きな問題になります。

　そこで最近増えてきているのが、グラフィクス型のプログラミング言語ないし環境です。こちらは画面上にプログラムを作るための「部品」が表示されていて、それを動かして組み合わせることでプログラムを作成します。この方法だと、「規則に合わないところはくっつけられない」などの形で規則をコンピュータ側で管理するので、人間が規則を覚えておかなくても済むのです。具体例については、あとの章を見てください。

　グラフィクス型の言語の利点と弱点も表3と表4にまとめておきました。グラフィクス型は規則を覚えなくて済むことやGUI（画面上の部品やアイコンなどを操作してコンピュータに指示するやり方）で扱えることが主な利点になります。また、文字表記を行わないようにすれば、文字が読めない年齢の子どもでも大丈夫です。

　一方で、あまり複雑なものは画面に入り切らなかったりごちゃごちゃして扱いづらかったりなどと、そもそもGUIの操作は時間がかかるなどの弱点もあります。

表3　グラフィクス型言語の利点

> ○ **構文の規則を覚えなくても済む**
> 正しくない形のものを作ろうとすると画面上で組み立てられなかったり、×印などで教えてくれるなどの工夫がなされていたりするので、規則を覚える必要がありません。

> ⭕ **GUIを使った作成**
> GUIで組み立てていけるので、GUIを使ったソフトウェアが当然の今日では親しみやすいと言えます。
> ⭕ **文字を扱わなくても済む**
> たとえば小学生や入学前児童など、文字を知らない場合でもそれなりに扱えるものがあります。

表4 グラフィクス型言語の弱点

> 🔺 **プログラムの大きさや複雑さに限界がある**
> グラフィクス型は基本的に、1つの画面上に部品を配置する考え方なので、スクロールなどは使うとしても、あまり大きなものを作るのには向いていません。
> 🔺 **修正に時間がかかる**
> 画面上の部品を接続したり取り換えたりする操作は思ったよりもずっと時間が掛かるので、プログラムを何回も直したりするのは大変だったりします。

　このように弱点はいくつかありますが、グラフィクス型のプログラミング言語や環境が現れたことが、今日のように小学生からでもプログラムを体験しようという活動のきっかけになった可能性は大いにあります。とくに子どもたちの学齢が小学校前半までであれば、まずはこちらを考えてみるのが自然でしょう。

2.2 ものさし2：教育用か、汎用か

2番目の「ものさし」として、教育用言語か汎用（一般用）言語か、ということがあります。汎用言語というのはつまり、先にも述べたように、さまざまな目的に使えるプログラミング言語という意味です。C、C++、Java、Ruby、Pythonなどの言語の名前は、コンピュータに少し詳しい人なら知っていることでしょう。

汎用言語は言わば、プロが仕事をするための道具ですから、それなりにわかって使わないとうまく使えないところがあります。そういうものは、子どもによってはちょっと難しいでしょうから、そのために「子どもでもつまずかずに使えるように工夫した」言語が作られました。これが教育用言語です。ですから正確には、汎用言語とさまざまな用途向けの目的別言語があって、その中の「子どもが使うための」というカテゴリが教育用言語です。でも本書では、教育用以外の目的別言語については扱わないので、教育用と汎用という対比になっています。

だったら教育用でいいじゃない、という声が聞こえそうですが、そんなに急がないでください。子どもが学ぶときも、場合によっては、汎用言語を選択する方が意味があります。そのための「ものさし」ですから。

そういうわけで、教育用言語の利点と弱点を表5と表6に挙げておきます。教育用言語の利点はやはり、つまずきを少なくしたり、子どもに興味を持ってもらえるような配慮がなされていることだと言えます。

表5　教育用言語の利点

> ○ **つまずきを少なくするための配慮**
> 　教育用言語では、起動するとすぐプログラムを組み立てる画面になる、組み立てたらすぐに実行してみられるなど、実行環境（プログラムを動かすソフト）の側にスムーズに試してみられる配慮がなされています。また、言語の規則の側でも、規則を整理してわかりやすくするなどの工夫がなされています。
>
> ○ **子どもが興味を持つような機能のサポート**
> 　子どもたちは、絵を動かしたい、音を出したい、ロボットを制御したい、ゲームを作りたいなど、さまざまな期待を持ってやってきます。その期待に応えられるように、教育用言語の環境では、どれがということは言語により違いますが、これらの機能が「すぐに」使ってみられるような配慮がなされています。

表6　教育用言語の弱点

> △ **できることの限定**
> 　利点の裏返しですが、つまづきにくいように機能を整理して限定しているので、その枠内に収まらないことは記述できなかったり、できても面倒だったりします。
>
> △ **言語環境内での実行**
> 　プログラムを作るというと、普通にPCやスマホで起動すれば動くアプリを想像するでしょう。しかし教育用言語は通常、実行環境（1つのアプリのようなもの）と一体

> なので、独立したアプリを新たに作ることはできません。

　一方で、教育に配慮するということは、「何でもできる」はずのものをいくらか我慢するということと表裏の関係ですから、できることは少し制約されています。また、実行する環境もその教育言語用のアプリなどを動かした中だけというのが普通です。ただしこの点については、Smalruby（スモウルビー）やMOONBlock（ムーンブロック）のように、操作しているときは教育用の言語環境ですが、汎用言語のプログラムを出力できる形のものもあり、その場合は普通のアプリのように動かすものが作れます。

　次に、汎用言語の利点と弱点も表7と表8に挙げておきます。汎用言語の利点はそれぞれの環境で普通に実行できるプログラム（アプリ）が作れることとか、多くのユーザがいるので本などの情報が充実していることなどです。一方で、プロ用の道具として作られているので、それなりに難しいというのが弱点になります。

表7　汎用言語の利点

> ○ **さまざまな機能が使え、単独のアプリケーションも作れる**
> 　汎用言語はその名前の通り、分野を特定しない言語であり、さまざまなライブラリ（library、プログラムで利用できる部品の集まり）と組み合わせて多様なプログラムが作れ、またPCやスマホのアプリケーションなども作れます。ただし汎用言語と言っても言語による得意分野

の違いはあります。
- **豊富な学習素材**
  汎用言語はユーザ数も多いため、ネット上の情報に加え、書籍、オンラインコースなど多様な学習素材が入手可能なものが多いです。

表8　汎用言語の弱点

- **学習の負担は大きい**
  汎用言語は教育用言語と比較すれば「プロ用」なので、きちんと勉強してから使うことを前提に言語や環境が作られています。ですから、言語自体の規則や書き方についても、それを動かすためのツールについても、いろいろ学ばないと着手できないところがあります。

　このように整理してみると、グループでプログラミングを体験してみようというケースには教育用言語がよいと言えます。一方で、このようなものが作りたいということが決まっていて、個人的に勉強してでもそれをやりたい、という場合には、そしてそれができる教育用言語の環境が見当たらない、という場合には、汎用言語を勉強してプログラムを作ることも考えていいと思います。

2.3 ものさし3：機器制御か、ソフトのみか

今日のコンピュータは、PCやスマホの上でソフトウェアとして何かをやるというだけでなく、さまざまな機器に組み込まれていて、その機器を制御するという形でも使われています。少し見ただけではわかりにくいですが、炊飯器や電子レンジなどの家電製品がそうですし、もっとわかりやすい例としては、テレビ番組などで見かけるロボットコンテストのロボットなどもそうです。

このような状況を受けて、プログラミングの教材や教育用言語の環境などで、機器の制御を取り入れたものも増えています。古くからあるものとしては、LEGO MINDSTORMS（レゴマインドストーム）という商品があります。これは、LEGOブロックと一緒にはめられるモータやセンサーとコンピュータを内蔵した制御ブロックなどの集まりで、これを組み込んだ「自動車」「ロボット」などをブロックで組み立てて、モータをプログラム制御することで自動車を走らせたりロボットを歩かせたりすることができます。

また、今日では中学校の技術科で計測・制御を行うプログラムを作ることになっていて、その教材として車輪の前後の動きをプログラムで制御できる小さな「ロボットカー」が多く使われています。動かすものとしては、モーターだけでなく発光ダイオード（LED）のランプの点灯・消灯を制御したりできますし、センサーと組み合わせることで「手をかざすと点灯するランプ」「障害物が近付くと停止する車」なども作れたりします。

このような「動くもの」は子どもたち、とくに男の子は大好

きなので、プログラミングの題材としても価値があります。また、現実に関わるプログラムの難しさを知ることもできます。一方で、動く機器を用意したり維持したりするのはかなりの手間とコストがかかりますし、男の子と女の子で関心が違うという難しさもあります。機器制御型の利点と弱点について表9と表10にまとめました。

このほかに、教材の問題というよりは教員の姿勢によることですが、機器制御を自由にやらせるとかなり高度で難しくなるため、画一的に同じに動くものをとにかく作らせておしまい、という授業が行われがちだという面もあります。

表9　機器制御型の利点

○ **動くものの魅力**
　実際のものが動くというのは子どもにとって、とても楽しく魅力的で、高い動機づけになります。動かすことに熱中する中で、多くの学びが実現できます。

○ **現実と関わることの難しさの経験**
　コンピュータの上ではプログラムだけで何でも自由になりますが、実際にものを動かすと、摩擦とか強度などさまざまな要素が入ってきてうまく動かないことが起きます。このような体験をしておくことは大切なことです。

表10　機器制御型の弱点

△ **教材のコストと管理の手間**

> 動く教材は固有のお金がかかり、「パソコンだけあればいい」というわけにはいきません。このため、1人1台が用意できないことも多いのです。また、動くものは故障も頻繁なので、メンテナンスの手間や修理（または補充）のコストも必要です。
>
> △ **ジェンダー（性差）に対する配慮の必要性**
> 車を動かすなどのテーマは男の子にはとても人気があるようですが、女の子にとってはそうでもないことがあります。女の子向けにはLEDの光の模様がプログラムによって変化していくブローチを作る、模型の家の中のランプを制御して点灯や消灯のようすを楽しむなどの題材が好まれたという研究もあります。男女でそのように違うものを用意するのもまた負担がかかります。

このような機器制御を扱わない、ソフトウェアだけでプログラミングを実施する場合の利点と弱点についても表11と表12に整理しました。基本的には先に述べたことの表裏ですが、PCやタブレットさえあればできて、手間がかからないことが利点であり、そのかわり外界との関わりは扱いにくいということが弱点になります。

表11 ソフトウェア型の利点

> ○ **PCやタブレットさえあればできる**
> 今日では機材の整備が進んだため、学校に整備されている機材だけででき、また1人1台で実施できることに

も繋がります。

〇 危険や汚れなどの面倒が起きない
コンピュータの上だけであれば、壊すこともあまりないですし、手をはさんだり部品を無くしたりなどのリスクとも無縁です。

表12　ソフトウェア型の弱点

△ コンピュータと外界の関わりについての関心が持ちにくい
上で書いたことの裏返しですが、コンピュータの上だけの体験をしていると、現実の世界では計画通りにいかないこともある、という部分が抜け落ちやすいという弱点があります。

　実際のところ、学校で特別の予算がある場合以外は、制御の機材を入手するのは少しハードルが高いかもしれません。でも、たとえばこういうものの好きな先生や保護者の方でしたら、少しだけでも体験されてあげることは、子どもたちにとって、とても価値があると思います。

2.4 プログラミング言語の地図を描く

　ここまでで子どもたちにプログラミングを学んでもらうときの言語を選ぶ「ものさし」を3つ紹介しました。

　実はものさしうちで、最初の2つ「テキスト型か、グラフィクス型か」「教育用か、汎用か」は、ほとんど平行しています。というのは、汎用言語はすべてテキスト型で、教育用言語の一部にテキスト型もある、という状態だからです。

　これに対して、「機器制御か、ソフトのみか」はまた別の観点からのものさしです。「汎用言語か教育用か」と「機器制御を行うかソフトウェアのみか」は独立しています。そして、機器制御とソフトウェアのみの中間段階として「音と画像が扱える」ものがあります（音や画像はPCのみでできるが、それに対応していない教育用言語・環境もあるため）。

　そこで、「グラフィクス型で教育用⇔テキスト型で汎用」「ソフトウェアのみ⇔画像や音が扱える⇔機器制御ができる」をそれぞれ横軸と縦軸にして平面を作り、さまざまな言語をこの上に配置した地図（マップ）を作ってみたのが、先にお見せした図1（▶P.19）です。

　これはごくごくおおざっぱな地図ですが、どのような言語がどのあたりの位置付けにあるかが、イメージできるかと思います。また、ここに載っていない言語に出会ったら、その言語をよく知っている人にこの地図を見せて、その言語がどのあたりにあるものなのかを尋ねてみると、その言語の性質がわかると思います。

SECTION 3
さまざまな プログラミング言語

お待たせしました。本章ではいよいよ、プログラミング教育に使われる具体的な言語について紹介します。ただし、この本は辞典ではないので、あらゆる言語を紹介するようなことはしません。著者が考える「教育に使われる、代表的なもの」に絞って取り上げます。

　取り上げる順序ですが、小学校とか入学前から扱える平易なものから始めて、次第にテキスト型などコンピュータとしての操作が必要なものに進んでいきます。そして後半では教育用というわけではなく、教育にも使われる普通のプログラミング言語を紹介しますが、これらは詳しく説明すると難しくなりますから、比較的簡単に概要を説明していくことにします。

　本章の使い方ですが、それぞれの言語の紹介は「どんなものかがおおよそわかる」ことを目指している水準ですから、ざっと眺めてみてどの言語がよさそうか見当をつけるのに活用してください。

　コンピュータとプログラミングに慣れている人が身近にいれば、お手伝いを頂いて、本章に書かれている内容から情報をたどって、実際にどのようなものなのか試してみることもできると思います。

　そのような方が身近にいないようでしたら、その言語について丁寧に説明している本を探しに行くとか、その言語を扱っているスクールに見学に行くなどの方法をおすすめします。

　実は今の状態だと、保護者がどの言語ということもわからずにたまたま知ったスクールに申し込んで、そのスクールのやっていることが子どもの関心と合わなかったり、教員がたまたま知った言語で授業をやろうとしたけれど、子どもたちの興味と合わなかったり、ということがしばしば起きています。

　せっかく思い立ったのですから、実際に行動に移す前に予備

知識をつけてください、というのがこの章の目的です。

3

さまざまなプログラミング言語

3.1 言語1：ビスケット

　ビスケットはNTT研究所（当時。現在はデジタルポケット所属）の原田康徳さんが2003年ころから開発してきているプログラミングシステムです。その特徴は、「めがねを使った絵の書き換え」（以下で詳しく説明します）という1つの原則だけでとても多様なことができ、しかも絵が動くので自分の作ったプログラムの結果がはっきりわかることです。

　一方、ビスケットによるプログラム作成では、一般的なプログラミング言語にあるような、変数（データの入れもの）、繰り返しや枝わかれのため専用の機能などは扱いません（これらは、めがねの機能として別の形で含まれています）。ゲームなどもアイデア次第でいろいろ作れますが、自分の考えたアイデアをどのようにビスケットのめがねで表すかは、工夫が求められます（その工夫がプログラミングで大切なことなのです）。ビスケットの利点と弱点のまとめを、表13に示しました。

表13　ビスケットの利点と弱点

> **利点：**
> ○ 絵を動かしたり変化させたりすることが簡単でわかりやすい。
> ○ 「めがね」という1つの道具だけで多様なことができる。
> ○ 1つの道具をさまざまに工夫して使いこなすときに考える力がつく。
> ○ 「動くしかけ（プログラミング言語のようなもの）を作る」「コ

ンピュータの特性を学ぶ」など興味ぶかい題材が用意されている。

弱点：
△ 変数や制御構造など、一般的なプログラミングの道具だては扱わない。
△ 絵のマッチングを条件として動作するので、市販のゲームと同じものは作りにくい場合がある。

では実際にビスケットを使うとどんな感じか、見てみましょう。ビスケットには、パソコンのブラウザで動くブラウザ版と、タブレットなどでも動くように新しく作られたアプリ版があります。原理は同じですが、ここではアプリ版の画面を掲載しています。ビスケットのサイト（http://www.viscuit.com/）を開くと、アプリ版のダウンロードリンクがあります（またはPC版で実行する場合、ページの下の方に説明と一緒にさまざまな設定を組み込んだビスケット環境へのリンクがあります。たとえば、「ぜんぶいり」の「やってみる」を選択すれば以下の説明のことが試せます）。

アプリ版を起動して、数字画面が出てきたら適当な4桁程度の数字を打ち込むと（あとで自分のプログラムを取り出すときに使います）、最初の画面が出て、そこで魚アイコンを選択すると図2のような画面になります。ここで、魚かパソコンの絵の下に数字のあるアイコンを1つ選んでクリックし、「えんぴつ」マークを選択すると、作品を作る準備のできた図3のような画面になります。魚の方はクリック機能なし、パソコンの方はクリック機能ありの版が出てくるという違いがあります。

図2　ビスケットの開始画面

図3　ビスケットの通常画面

　ここで、「えんぴつ」のアイコンをクリックすると、「お絵描きツール」に入り、図4のような、絵を描く画面になります。

図4　絵を描くツールのようす

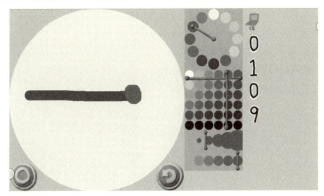

　ビスケットに限らず、絵を動かすタイプのプログラミングツールでは自分で絵を描けるものが大半です。子どもたちも、自分で書いた絵を動かすことで「やる気」が出るようです。なかには、絵を描くことに熱中してしまう子もいますが……。

　絵が完成して「○」ボタンで戻ると、図5のように描いた絵が「ぶひん」として現れ、それをステージ（色のついたところ）にいくつでもドラッグして配置できます。

　次に「めがね」でプログラムして、絵を動かします。それには、まず先ほどの「えんぴつ」の下にある「めがね」をドラッグして、空いているところに置きます。そして、その左と右の丸の中に、「ぶひん」をドラッグしてきて入れます。

　「めがね」の効果は「左の丸の中にある絵を右の丸の中のように変更する」ということです。たとえば、図5では、「伸びた尺取り虫を縮んだ尺取り虫に変更する」というめがねと、「縮んだ尺取り虫を伸びた尺取り虫に変更する」というめがねがあ

ります。これによって、尺取り虫が伸びたり縮んだりしながら動いていくのです。

図5 「めがね」でプログラムする

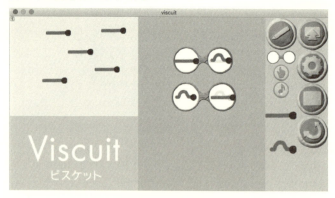

なお、動き方は右の丸の中の絵の位置を調整することで変更できます。たとえば、絵を前の方向にずらせば尺取り虫はより速く前進しますし、少し回転させると回わりながら動いていくようになります。

学齢の低い子ども向けのときは、めがねの左右に同じ絵を入れて、位置を調節して好きなように動かすだけでも楽しめます。たとえば、雨つぶが上から降ってきて（実際には下に向かって縦に動かす）、その中を人が横に歩いていく（実際には水平方向に動かす）、みたいな「絵本」などどうでしょうか。

一方、上で説明したような動きができるようになった子どもは、もっと複雑なテーマに進みます。「めがね」には複数の絵も入れられるので、たとえばサッカーボールの絵を追加し、縮んだ

尺取り虫がサッカーボールの手前にあるときは、伸びると同時にサッカーボールが少し前の方に移る、というめがねを追加することで、「サッカーする尺取り虫」が作れます。

さらに、絵が増えたり減ったりするめがねや、今回は説明していませんが、ボタンを押したときだけ動作するめがねも作れますから、ボタンを押すと矢が発射され、風船に当たると風船が消える、みたいなゲームも作ることができます。

このように、ビスケットでは「めがね」という1つの単純な仕組みだけで非常に多様な動きを作り出すことができます。コンピュータの特質は非常に単純な機能を組み合わせて多様な動作を行えるようになることにあるので、ビスケットを扱うことでそのようなコンピュータの性質を体験的にわかることができるのです*。

---

*=より詳しくは、原田さんの解説「小学生に分かるコンピュータサイエンスとしてのプログラミング教育」
(http://www.ipsj.or.jp/magazine/magfree.htmlで公開)などを見てみてください。

3.2 言語2：アルゴロジック

　アルゴロジックは電子技術産業協会（JEITA）の大山裕さんが開発しているプログラミング学習ツールです。その特徴は、子どもたちの好きな「パズル」の形をとっていて、易しいものから高度なものまで多数の「問題」が用意されていることです。このため誰でも、自分のレベルに合った問題にチャレンジして楽しむことができます。また、「繰り返し」をうまく使うことがパズルの要点になっているので、プログラミングで大切な「繰り返し」を無理なくマスターできます。

　一方、アルゴロジックでは「ロボットの動き方をプログラムする」という枠内ですべてができていますので、変数や条件判断のようなものは出てきません。なお、アルゴロジック2では条件判断が少し入っていますが、その分難しくなるので、好みがわかれるところです。ここでは基本のアルゴロジックだけ説明します。アルゴロジックの利点と弱点のまとめを、表14にまとめました。

表14　アルゴロジックの利点と弱点

> **利点：**
> - パズルの形をとっているので楽しくチャレンジできる。
> - 「最短のプログラム」というチャレンジがある。
> - 問題が多く用意され、自分に合ったレベルで楽しめる。
> - ロボットの動きをプログラムするというわかりやすい設定。

○ 繰り返しがポイントで、繰り返しをマスターさせてくれる。

弱点：

△ ます目の中をロボットが動くという題材に限定されている。

△ 変数や条件判断などの内容は含まれていない。

△ ゲームを作り出すということは考えていない。

　では実際に見てみましょう。

　(http://home.jeita.or.jp/is/highschool/algo/) がアルゴロジックのサイトで、ここから「アルゴロジック」のボタンを選びます。なお、別バージョンである「アルゴロジック2」は分岐機能を持つもの、「お絵かきアルゴロジック」はパズル機能をなくし、ロボットの軌跡で絵を描いて楽しみます。

　さて、通常のアルゴロジックを開始すると、初心者問題とチャレンジ問題の選択画面になります。まずは初心者問題に進みましょう。ここでいろいろな問題が選べますが、たとえば「四角」のようすを図6に示します。

　ロボットが中央に前向きに止まっていて、旗が4本立っています。あなたのミッションは、プログラムを作ってこの旗を全部取ることです。プログラムは右側にある「前進」「右移動」「左移動」「回転」などのタイルを「START」タイルの下に置いていくことで作ります。

　移動タイルは数字をクリックすることで1/2/3/4/8マスのいずれか分の移動に設定できます。ただし、旗を取るためには、ます目の上を通過するのではだめで、その位置で一度止まらな

図6 アルゴロジックの画面

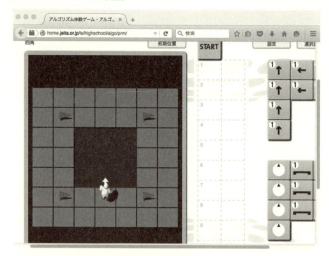

いといけません。回転タイルは▲をドラッグして回転角度（45度の倍数）を設定できます。また、「┌」と「┘」のかっこでタイル列を囲むことで、囲んだ中のタイル列を1/2/3/4/8回のいずれか、繰り返せます。では、図6の問題では、タイルがいくつ必要でしょうか？（考えてみてください。）

4つの旗を取るやり方はいくつもありますが、タイル数が少ないのは図7の「右2、左4、前4、右4」のように、回転せずに横移動で旗を取っていく方法です。

そして、一番タイルの少ないプログラムができると「That's great!」と言ってもらえます。これが嬉しくて、大人でもけっこうはまって熱中する人がいます。実は移動タイルは2つ横にならべて「斜め移動」にできます。ですから、「That's great!」

の条件は正確には「プログラムの行数が一番少ない」になります。

実際のプログラミングでも、プログラムの得意な人は単にプログラムが動くだけで満足せず、より短くする、速くする、見やすくするなど、さまざまにプログラムを改良することが多いのです。ですから、アルゴロジックで短いプログラムを工夫して楽しむのは、プログラマの気分を少しだけ味わっていると言えるでしょう。

図7　パズルを解いたところ

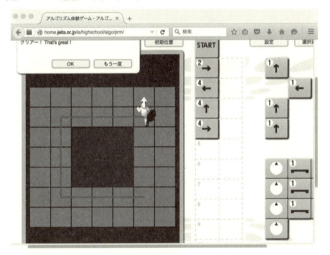

3.3 言語3：スクラッチ

　スクラッチはMIT（マサチューセッツ工科大学）のミッチェル・レズニック教授が中心となって開発しているプログラミングシステムで、世界中の子どもたちに広く使われています。日本では、青山学院大学の阿部和弘先生が中心となって多くの普及活動をしています。

　スクラッチの特色は、変数、繰り返し、分岐など、一般的なプログラミング言語の機能に対応するものがひととおり揃っていることと、それらを組み合わせるのに「ブロックをはめこむ」形で組み立てていくため、プログラムの細かい書き方の規則を覚えなくて済むことです。また、ビスケットと同じように自分で絵を描いて動かせますが、とりあえずプログラムを作ることから始められるように、できあいの絵が用意されています。

　スクラッチはここまでに紹介した2つよりもずっと「一般的なプログラミング言語」に近く、必要な機能をさがしてマスターしていくことで、ゲームなど皆さんが思い描くようなプログラムを作れるようになります。ただしそこまで行くには、ある程度時間をかけて、いろいろな機能を自分で調べていくことになるでしょう。

　また、スクラッチで作成するプログラムは「1つずつの絵に」プログラムがくっつくという形になり、一般的なプログラミング言語とはやや違っています。これはゲームや絵本のようなものを作りやすくするための選択ですが、スクラッチから他の言語に移ろうとするときにとまどいがあるかも知れません。スクラッチの利点と弱点を表15にまとめました。

表15 スクラッチの利点と弱点

> **利点：**
> - ブロックのはめこみでプログラムし、構文エラーがない。
> - 変数、分岐など一般のプログラミングが持つ機能を提供。
> - 絵を自分で描くことも、できあいの絵を使うこともできる。
> - 市販のゲームに似たものなど、「作りたいプログラム」が作れる。
> - 世界中の子どもたちと、作ったプログラムをやりとりする場ある。
>
> **弱点：**
> - 本質的には一般的なプログラミング言語と同水準の難しさがある。
> - 一般的な言語とはプログラムの構造がやや異なっている。

では、スクラッチを実際に動かしたようすも見てみましょう。なお、スクラッチの入手については、（https://scratch/mit.edu/about）を参照してください。

スクラッチは現在、前からのバージョン1.4と新しいバージョン2.0の移行期にあたりますが、ここでは図8に1.4の画面を載せています。

この図では、最初から用意されているネコのスプライト（スクラッチでは一般に動かす絵のことをスプライトと呼びます）にくっついたプログラム（スクリプトと呼びます）を作成しています。このプログラムは窓の右上にある緑の旗をクリックすると開始され、まずペンを太さ5にして下ろすことで、絵が動いた軌跡を残す

図8　スクラッチの簡単なプログラム

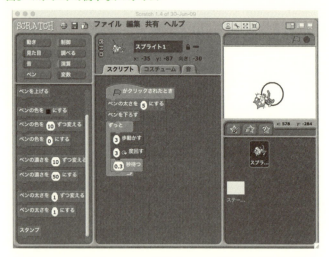

ように設定します。それから「3歩動き、3度回転し、0.3秒待つ」ことをずっと繰り返します。これにより、図にあるように円が描けるわけです。

このようにスクラッチでは、「動き」「制御」「見た目」「調べる」「音」「演算」「ペン」「変数」と8色に分類された多種のブロックを組み合わせてプログラムを作っていきます。ですから、これらを順に調べてマスターしていけば、さまざまな機能が使えるようになるわけです。

なお、スクラッチが難しすぎる学齢（とくに入学前児童）向けには、スクラッチJr.（ジュニア）が用意されています。これはアプリとしてタブレットに無料でインストールでき、やはりブロックをつなげてプログラムを作りますが、動作の内容は絵が動く

ことが中心になります。その点ではだいたいアルゴロジック相当ですが、アルゴロジックがパズル仕立てなのに対し、スクラッチJr.は動く絵本を作るというイメージです。

　スクラッチもスクラッチJr.も、子ども向けの書籍が刊行されていて入手できるというのも利点です。

3.4 言語4：ドリトル

ドリトルは兼宗進さん（(株)リコー、現在は大阪電気通信大学）と筆者の1人（久野）が開発した教育用プログラミング言語・環境です（http://dolittle.eplang.jpで公開）。兼宗さんは古くから教育に広く使われてきたLOGO（ロゴ）というプログラミング言語を実行するフリーソフト「LOGO坊」の作者だったのですが、LOGOよりも現代的な教育用の言語を作りたいと考えられ、新しい教育用言語をテーマに研究を進められました。その結果完成したのがドリトルです。

ドリトルはここまでに挙げてきた言語と異なり「テキスト型」、つまり作文のように文字を並べてプログラムを記述する形の言語です。実は、プログラミング言語の多くはテキスト型ですから、ドリトルはそのような「普通の」言語の入口を体験するのに適しています。

テキスト型の言語は複雑なプログラム、記述行数の多いプログラムでも安定して使われてきた実績があります。一方で、テキスト型の言語は「構文エラー」、つまり書き方で規則に合っていない箇所があると、実行に進みません。ですから、ややハードルが高くなりますし、慣れてエラーが取れるようになるまでは少し苦労するでしょう。

ドリトルのそのほかの特徴として、日本語の文字を使っていることが挙げられます。これは、プログラムをざっと見て何をやっているのか想像しやすくなりますし、英語を学ぶ前の小学生でも扱えます（命令などの書き方も通常の漢字かな混じりのほかにひらがなのみでも書けるようになっています）。

そのほかに、前述のLOGO言語から「タートルグラフィクス」を採り入れていることも特徴です。タートルとは「亀」の意味ですが、亀に「何歩前進」「何度回転」などの指示を出すことで、その動いた軌跡で図形が描けます。これはプログラムの動作結果がすぐ目に見えるため、入門用の教材としてわかりやすいという定評があります。

　また、オブジェクト指向を大幅に採り入れているのも特徴です。オブジェクト指向というのはプログラムを複数の「もの（オブジェクト）」の集まりとして考えるやり方で、今日の大規模なソフトウェアはだいたいこのやり方で作られています。これにより、図形や画面上の部品（入力欄や押しボタンなど）が簡単に使えます。ただしその分、「どのようなものがあってどのように使うのか」は調べながらプログラムすることになります。ドリトルの利点と弱点を表16にまとめます。

表16　ドリトルの利点と弱点

利点：
- テキスト型の言語であり、大きなプログラムでも書ける。
- 日本語の文字を扱うため、見たときわかりやすい。
- ひらがなでも書けるため、小学校低学年でも対応可能。
- タートルグラフィクスでプログラムの動作把握が容易。
- オブジェクト指向の考え方で図形・部品が扱える。

弱点：
- テキスト型であるので構文エラーがあり、習熟が必要。
- どんなオブジェクトや命令があるかを調べて使う必要がある。

では実際にドリトルでプログラムを作るのがどういう感じなのか、見てみることにしましょう。ドリトルは単独で動く版とブラウザ上で動く版がありますが、ここでは単独版を見ます。図9は、ドリトルの単独版を動かして、プログラムを打ち込んでいるところです。

図9　ドリトルのプログラム編集画面

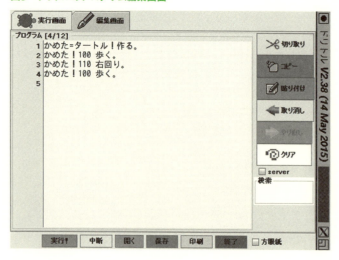

1行目は、タートルを1つ作り、「かめた」と名前をつけています。2〜4行目は、か̇め̇た̇に前進、回転の指示を出しています。

この状態で「実行」ボタンを押して実行させたところを図10に示します。確かにか̇め̇た̇が指示通りに動いて、図形が描けていることがわかります。子どもたちにここまで説明すると、自分でいろいろ図形を描いて楽しんでくれます。

図10 ドリトルのプログラム実行画面

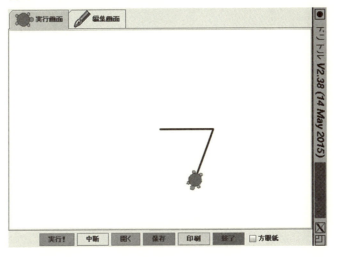

　ここでは説明する紙面がありませんでしたが、ドリトルではこのほかに、繰り返しを使って規則的な図形を描いたり、図形をたくさんコピーしたり、色をさまざまに変えたり、時間とともに動かしたり（アニメーション）、音を出したりなどができます。

　このように、ドリトルは一般的なテキスト型のプログラミング言語によるプログラミングに入門するのに適していて、プログラミング言語によるさまざまな機能を試しながら作っていくという形の体験に向いています。

3.5 言語5：JavaScript

　ここからはいよいよ、教育用ではなく、普通にソフトウェア開発に使われている言語に入ります。すべてテキスト型の言語です。と言っても、それほど身構える必要はありません。

　トップバッターのJavaScript（ジャバスクリプト、あとで出てくるJavaとは全く別の言語です）は、誰もがネットで情報を探したり見たりするのに使っているソフトである「Webブラウザ」に組み込まれて使われるように設計された言語です。ということは、この言語を試してみるのにわざわざ新しくソフトを入れたりする必要がありません。

　普段使っているPCがWindowsなら「メモ帳」、Macなら「テキストエディット」など、文字だけから成るファイルを作ったり直したりするツールを使ってブラウザから開けるファイルを作るだけです。

　たとえば、メモ帳やテキストエディットで次の内容4行を入力し、デスクトップに「hello.html」という名前で保存してみてください。

　　\<script\>
　　alert（'Hello.'）；
　　alert（'Good Bye.'）；
　　\</script\>

　ファイルhello.htmlをブラウザで開くと、まず「Hello.」というダイアログボックスが表示され（図11）、それをOKで閉じると次は「Good Bye.」が表示され、それも閉じると終ります。

図11 ブラウザでJavaScriptを実行しているようす

　このように、JavaScriptは簡単に試してみることができますが、それでもメモ帳などを扱ってプログラムを打ち込んだり直したりすることは必要ですから、少なくとも小学校高学年以上で、このようなものに興味を持っている子ども向けだと言えるでしょう。JavaScriptの利点と弱点を表17に示します（以下のテキスト型の利点と弱点はここから先は同じですから、省略しています）。

表17 JavaScript（テキスト型）の利点と弱点

利点：
- ○ ブラウザさえあれば、どこででも実行できる。
- ○ ブラウザのグラフィクス機能で図形が描ける。
- ○ HTMLのGUI部品を用いて入力や出力が行える。

弱点：
- △ エラー表示などがブラウザごとに違い、あまり丁寧でない。

3.6 言語6：VBA

　VBA（ブイビーエー）はVisual Basic for Applicationの意味です。もともとパソコンの初期からさまざまに使われてきたBasicという言語がありますが、Microsoft社はこの言語を拡張したVisualBasicという言語を開発し、さまざまな用途向けに提供してきました。そしてワープロソフトのWordや表計算ソフトのExcelなどのオフィスツールにVisualBasic組み込んで、これらのツールの動作をプログラムによって補助したり拡張できたりするようにしたものがVBAです。

　もともと日本の学校教育現場では（中学以上）、Microsoft社のオフィスソフトを導入している環境が非常に多く、またパソコンを使う先生たちも、普段の事務処理にオフィスソフトを使っていてなじみがあります。そのようなことから、中学や高校でのプログラミングの授業において、オフィスに組み込まれているVBAを使って実施するというケースが少なくないのです。

　もちろん、VBAには単にオフィスに付属しているという以上の利点もあります。それは、Excelと一緒に使う場合、Excelのデータをプログラムから簡単に操作できるという点から来ています。データの並びを扱うには、通常の言語では「配列」と呼ばれる機能を使いますが、配列の使い方をマスターするのに苦労する生徒さんたちがいるというのも確かでした。そこで、配列の代わりに表計算のセルを使えば、現在入っているデータは何なのかすぐに見て取れますから、わかりやすくできる可能性があります。

　一方で、VisualBasic言語はオフィスから離れた場面ではあ

まり広くは使われていませんし、表計算と一緒に学んだ場合、その経験は表計算以外の場面では活かせない部分が出てきてしまうという弱点もあります。VBAの利点と弱点について、表18にまとめました。

表18 VBAの利点と弱点

> **利点：**
> ⭕ Microsoftのオフィスソフトに付属していて、使えるPCが多い。
> ⭕ PCを得意とする教員が比較的慣れていることが多い。
> ⭕ Excelの表機能と組み合わせると並んだデータの扱いがわかりやすい。
>
> **弱点：**
> 🔺 VisualBasic言語自体は一般にはそれほど広く使われていない。
> 🔺 Excelと一緒に学んだ場合は他の場面で通用しない部分がある。

3.7 言語7・8：RubyとPython

　Ruby（ルビー）とPython（パイソン）はともに、「スクリプト言語」と呼ばれる分類のプログラミング言語で、さまざまなプログラムを簡潔に記述できるように工夫されています。

　その具体的な方法としては、さまざまな「やりたいこと」に対応したライブラリが充実していて、そのライブラリを使えばたくさん書かなくても作りたいプログラムが完成させられる、というイメージです。

　ここまでは2つの言語に共通の説明でしたが、それぞれの言語の特徴も説明していきましょう。Rubyは、今日のプログラミングで主流になっているオブジェクト指向（ドリトルのところで説明しました▶p.053）の考え方を大幅に取り入れていて、オブジェクト指向を活用したプログラムがコンパクトに書けるという特徴があります。ですから、プログラミング言語の機能をあれこれ使って書き方を工夫するのが好きな子どもには、この言語は向いていて楽しめると思います。

　また、Webサーバの中で動くプログラム（Webアプリケーション）を作ってみたい場合には、Rubyでは用途ごとに多くの選択肢があります。たとえば、Ruby on Railsというフレームワーク（ライブラリの大規模なもの）は、多くのWebアプリケーションで使われてきた実績があります。Ruby言語の利点と弱点を表19に示します。

表19　Rubyの利点と弱点

> **利点：**
> ⭕ オブジェクト指向を活用した書き方の工夫ができる。
> ⭕ Webサーバ上で動作するアプリケーションの実績がある。
> **弱点：**
> △ 柔軟な書き方ができる分だけ書き方の習熟が必要な面がある。

　一方Pythonは、書き方が他の言語と少し違って、プログラムのさまざまな構造を字下げ（文字の下げ方）で表現するという特徴があります。そのため、誰が書いても見た目の整った記述になりやすく、海外では子どもにテキスト型言語を教える場合によく使われています。

　また、Pythonのもう1つの利点として、ライブラリが非常に充実していて、多用な用途に対応しているという点があります。たとえば数値の計算をするとか、ネットで通信をするとか、それぞれのOSに固有のサービスを利用するなどのライブラリがあります。LEGO MINDSTORMSやマインクラフトを操作するライブラリなどもあります。ですから、子どもの「やりたいこと」に対応したライブラリがPythonにしかない場合は、この言語が自然な選択肢ということになるでしょう。Python言語の利点と弱点を表20に示します。

表20　Pythonの利点と弱点

利点：
- ⭕ 字下げを用いた構造により、整ったプログラムを書きやすい。
- ⭕ 用途ごとに豊富なライブラリが用意されている。

弱点：
- △ 字下げを用いた構造の記述は好まれない場合もある。

3.8 言語9：C言語

Cは1970年代に誕生した歴史の長い言語です。以前はさまざまな用途に使える言語が少なかったため、多くのプログラムがCで書かれていて、大学の専門教育でもCが多く使われていました。

今では言語の種類が増えたのでCはそれほど多くは使われなくなりましたが、組み込み機器（さまざまな機器の中にコンピュータを組み込むもの）のためのプログラミングには今でも多く使われています。これは、機器をきわめて直接的にコントロールできるという特徴があることにもよります（ほかの言語ではそのようなところは専用のライブラリを持ってきて組み合わせる必要がある場合が多いのです）。

C言語そのものは「関数」と呼ばれる単位を組み合わせてプログラムを作り、関数の中は「if文」「while文」「for文」などの制御構造を表す「文」を組み合わせて記述し、あとは変数と代入と計算式というとても標準的な構成の言語です。

1つだけ他の言語と違っているのは、「アドレス」（コンピュータのメモリ上の番地）を扱う機能を持っていることで、これを使って上に書いたようなハードウェアレベルに近い操作ができるのです（C++言語はC言語を拡張してできているので、C++言語でもハードウェアの操作は同様にできます）。

つまり、新しい機器でまだ他の言語から使うライブラリが無い場合は、Cでハードウェアを直接扱いながらプログラムを作るしか選択肢が無いこともあります。そのような場合は、ハードウェアが直接扱えるというCの特徴がメリットになるでしょう。

C言語の利点と弱点を表21に示します。

表21 C言語の利点と弱点

> **利点：**
> ○ 比較的簡潔な言語であり、複雑さが小さい。
> ○ アドレスが扱え、ハードウェアに直接アクセスできる。
> **弱点：**
> △ アドレスなどの機能はハードウェアを理解しないと難しい。

3.9 言語10・11：C++とJava

　C++とJavaはこの本では「ラスボス（最後の大物）」だと言えます。つまり、ソフトウェア開発のプロが仕事のためにプログラムを作るのに使われる汎用プログラミング言語の代表がこの2つなのです。この2つのどちらでも、きちんとマスターすれば、「どのようなプログラムでも」原理的には書ける段階に到達したことになります。

　ひどく大変そうですか？　でもご安心ください。このような言語であっても、適切なカリキュラムを組んできちんと学んでいけば、たとえば中学生でも十分マスターできます。ただしそれはやっぱり、コンピュータやプログラミングの分野にとくに興味・関心のある子ども限定という前提になるでしょう。学校の教室で一斉授業のときにこれらを扱うのはおすすめできません。

　どちらの言語も、汎用という名前が示すように、用途を限定せずに使えることは共通です。また、ここまでに何回か出てきた、オブジェクト指向の考え方（▶p.053）を取り入れていることも共通しています。

　ただし、そこから先のところでは、2つの言語にはかなり思想の違いがあります。まずC++ですが、この言語は設計者が「少しでも動作が遅くなるような機能は必須にしない」という方針を公言していて、コンピュータをフルスピードで動作させるのに適した設計になっています。それはいいのですが、そのためにはCと同じように、ハードウェアの機能や特性を理解して使いこなさなければならないという側面がかなり強くなります。

　また、スピードのために安全性のチェックを行わない設計な

ので、プログラムの書き手がうっかり間違ったときに、よくわからない形でプログラムの実行が停止したり、あさっての方に行ってしまったりするので、そのような間違いを発見するためには熟練が必要になります。

あと、C++は基本的に「言語とその近辺の機能のみ」だけが提供されるので、グラフィクスやマルチメディアなどを扱いたい場合は自分でそのためのライブラリを選んで別途学ぶ必要があります。全体として、C++は「プロが使う道具で素人さんお断り」なイメージなのです。C++の利点と弱点を表22に示します。

表22 C++の利点と弱点

> **利点:**
> ○ ハードウェアの性能を最大限まで使うことができる。
> ○ メモリなどすべての要素をプログラマが制御できる。
>
> **弱点:**
> △ 安全性より性能を選んでいるので、書き手の負担が大きい。
> △ さまざまな機能はライブラリを自分で選んで使いこなす必要がある。

そして実は、Javaは、C++の上で述べたようなところが「やりすぎ」だという判断から生まれた言語です。ですから、書き方はC++と似ているところも多いのですが、安全性のためにきちんとチェックしてから実行するという設計になっていて、間違えたときの原因の究明はずっとやりやすくなっています。

また、使わなくなったメモリの回収などの部分もガベージ

コレクション（自動ゴミ集め）という機能が取り入れられており、すべてプログラムを書く人が管理するというC++に比べて楽になっています。

　そして、グラフィクスや音など扱ってみて楽しい機能も、Javaであれば標準ライブラリに最初から組み込まれていて、すぐに使えます。ですから、初めての人がどちらかの言語を学ぶとしたら、どちらかというとJavaがおすすめです。Javaの利点と弱点を表23に示します。

表23　Javaの利点と弱点

利点：
- ○ 多様なオブジェクトのライブラリが標準で利用可能。
- ○ 安全性重視の設計で間違いが発見しやすい。

弱点：
- △ C++に比べるとオーバーヘッドがやや大きい。
- △ ハードウェアを直接扱うのには不向きな面がある。

SECTION 4
プログラミングの学び方

ここまでで、代表的なプログラミング言語・環境やその特徴などについて見てきました。それでは、その中から自分に合うものを選んだとして、どのようにして学んだらいいのでしょうか？「教則本」のようなものを買ってきて読むのがいいのでしょうか？　どこかのスクールに入るのがいいのでしょうか？

　もちろん、本もスクールもあり得る選択肢なのですが、ここで大切なのは「プログラミングを学ぶのに適したやり方」を採用しているものを選ぶ、ということです。

　では、「プログラミングを学ぶのに適したやり方」とはどのようなものでしょうか。その具体的なポイントについてはこのあといくつか挙げさせて頂きますが、その前に「こういうやり方は適していない」というお話しをさせてください。

　というのは、私たちはこれまでに（主に大学生などが）この「適していない」やり方で教えられて挫折しているのを大量に見てきているからです。せっかくこれからのためにプログラミングを学ぼうと思ったのに、間違ったやり方のためにプログラミングが身につかないどころか「大嫌い」になってしまうのでは、まったくの悲劇です。

　なぜそういうことになるのかについてですが、それは現在の日本の学校における授業のあり方が大いに関係していると思われます。非常にかいつまんで整理すると、今日多く行われている学校の授業は次のようになっています。

- **教科書に書かれているたくさんの知識をまずは「そのまま覚える」ように求められる。**
- **とくに教科書に載っているような練習問題は「どんな問題があるか」「その問題はどういうやり方で解くか」をドリルなどを使って繰り返し練習し、覚えるように求められる。**

- **試験のときはその「覚えた」やり方で短い時間にたくさん問題を解くことを求められる。**

　確かに試験で点数は取れるかも知れませんが、このやり方はプログラミングにはまったく向いていません。なぜかというと、プログラミングというのは基本的に「誰もまだやったことがない新しい問題を見つけて、それを自分の問題として解き方から考える」ことだからです。

　考えてもみてください。すでに誰かが解いたことがある問題（つまりその誰かがプログラムを書いてくれている）なら、そのできているプログラムを使えばいいのであって、わざわざ同じものを書く必要はありません。

　プログラミングのよいところは、「誰もが自分自身の問題に取り組める」つまり自分がやりたいと思うことをコンピュータにやらせられることなのです。それを「誰かが解いた問題をもう1度解きましょう」ということにされてしまうと、プログラミングの面白さや楽しさは半減どころか1％くらいに減少してしまいます。そして、やる気のない状態では誰も自分の実力を発揮できません。

　残念ながら、このような「記憶・練習・テスト」型のテキストは大学などでも長年使われていて、たくさん売られています。その典型的なものは、次のことで見分けがつきます。

- **プログラミング言語の規則（書き方とか機能）を逐一、端から端まで、順番に説明している。**
- **練習問題が「プログラムを書くこと」ではなく、その説明をしている内容を覚えたかどうかの問題になっている。**
- **プログラムの例題が少ししか出てこなくて、その少しの例題を懇切丁寧に説明している。**

このようなテキストを採用してしまうと、授業はたとえ実習があるとしても、その少数の例題をそのまま打ち込んで動かして終わり、になりがちです。なぜなら、たくさんあれこれプログラムを書かせようという内容になっていないからです。

　そうなると、学生はテキストに出てくる例題プログラムや知識項目を丸暗記して試験を通過しようとします。先生もしかたがないので、その例題そのものや、ちょっと変えたものを問題に出して、暗記していたら解けるようにします。そんなことをしても、ちっともプログラムが書けるようにならないのは明らかです。

　実はこの「記憶・練習・テスト」型の弊害については、現在たくさんの指摘がなされ、それを改めようという議論がなされています。皆さんは「21世紀型スキル」とか「協働的・主体的学び」という言葉を聞いたことはないでしょうか。これは簡単に言えば「自分にとっての問題を見つけ、それを自分のものとして考えて解く（場合によっては他の人と協力して）」という意味です。

　つまり、これまでのような「教科書に載っている通りの」問題が解けるだけではこれからの世の中を生きぬいていけない、だからそれぞれの人が自分の問題を解けるように変えていきましょう、というのが現在検討されていることであり、これからの学校もこの考えに合わせて変わっていくはずです。

　なんだか難しそうでわからない、と思われましたか？　心配はいりません。上で述べたように、プログラミングはまさにこの「主体的な学び」でなければうまく学べないものなのです。そこで、具体的にどう学ぶのがいいかというポイントを説明していきます。これらのポイントに従っていけば「主体的な学び」ができて、そしてプログラミングも楽しく身につくのです。

4.1 「離陸」して、それを維持しよう

「離陸」というのはもちろん、飛行機が地上を走っていって空中に浮かぶことを指す言葉ですが、ここでは次の意味で使います。

　[離陸]——プログラムを書く人が「このようにしよう」と思ったときに、実際にそのようにプログラムを作れて動かせていること。

　それは学び方ではなくてプログラミング学習の最終目標なんじゃないの？　と思った人、あなたはよくある勘違いに囚われています。飛行機の操縦では、全くの初心者でも、難しいところは先生にやってもらって、とにかく空中で操縦棹を持たせてもらって、体験しながら練習しますよね？　プログラミングも同じことなのです。

　この本で説明しているような言語ではどれも、(テキスト型で言えば) 3〜5行くらいの記述で動くプログラムが作れます。それをきちんと説明してもらって、ここはこういう意味なのね、と納得することはどの子どもにでも可能です (その子に合った言語を選ぶことは必要です)。

　納得したら、まずはその通りのプログラムを入力して動かしてみます。動いたらそのプログラムを少しずつ変えてみて、動き方が変化するようすを観察します。次第に慣れてきたら、「こうして見よう」と思い立って、そのようにプログラムを変更し、失敗したり教えてもらったりしながら、完成させます。これで「離陸」完了です！

この、自分で考えて作ったプログラムがその通りに動く、という体験はとても魅力的なもので、誰でも熱中します。そして、熱中しているときに最もよく学ぶということは繰り返しお伝えしました。

　ですから、プログラミングを学ぶときは、まずこの状態に到達してもらい、そしてその状態で少しずつ新しいことを追加して学ぶ、という形を必ず取るべきなのです。そうすると、その学んだ新しいことで、これまでにできなかったことが記述でき、自分の能力が増した気がして本当にわくわくします。そして、その新しい機能をあれこれ試すので、細かく説明しなくても自然と自分のものになっていきます。それを続けていけば、どこまででも新しいことを身につけていけます。これが「離陸」してそれを維持する、ということの意味です。

　世の中のプログラミングの「授業」はしばしば、これと正反対の形をとります。まず講義でプログラミング言語のさまざまな機能を逐一説明しますが、プログラミングを体験していない受講者はよくわからないままたくさんのことを覚えさせられている気になります。その後ようやく実習になりますが、たくさん教えられているほど「全部完璧でないといけないのでは」という気持ちになり、「飛ぶのが恐く」なります。たくさん教わったあとだと動かす例題も行数が多くなりがちで、必ず入力ミスが起きます。間違いがあっても慣れていないのでどこが違うかわからず、先生に教わったり友達のをコピーしたりして動くようにしても、何が悪かったかはわからず、ますますプログラミングが恐くなります。その状態でさらに難しいものに進んでも、離陸からは遠ざかるばかりです。

　このような失敗に陥らないためには、上で記したように、最

初の簡単な例題で十分に実習して離陸させ、それを維持しつつ進めるように配慮が必要です。しかし、最初の例題が簡潔で易しいほど、教える側も教わる側も「こんな簡単なのはすぐわかる」という気持ちになり、大切な最初の練習を疎かにしがちです。初めてのプログラミング体験は新しいことばかりで、本当に楽しく熱中することができます（簡単だといって何もしない子どもには、考えるネタをあげてください──「ファシリテーション」のところでお話します ▶p.081）。

　これを読んでいる先生がた、保護者のかたは、ぜひともこのことを心にとどめて頂き、失敗を避けて頂きたいと思います。

4.2 自分のレベルに合ったチャレンジを

　授業など集団でプログラミングを学ぶときにしばしば問題とされることに「個人ごとのレベルの違い」があります。これは本来は学ぶ内容と関係なく問題になることだと思うのですが、プログラミングの場合にはとくに問題になりやすい気がします。

　運動のトレーニングも頭のトレーニングもそうですが、自分にとって楽にできる負荷では能力を伸ばすことはできず、ある程度以上の負荷があって初めて能力を伸ばすことができます。運動の負荷はウェイトの重さとか心拍数で測れますが、頭の場合は「これまでに無い新しいこと」が大切になります。

　そこでプログラミングの場合は、例題を理解してそのまま動かせるようになったとき、次に何をやってもらうかが重要になります。プログラミング初心者に「さあ、何でも好きなことをやってみよう！」と呼びかけても、何も思いつかないのは普通ですから、ある程度誘導は必要です。

　そこで誘導として、先にやった例題を規準にして「さまざまなギャップのある課題」を用意します。たとえば、数値を計算する例題であれば「数値を別の数値にする」というのは比較的ギャップの小さい課題です。数値が変化してもプログラムが動かなくなることはあまりないですから。そのかわり、動いても見た目の違いはあまりないので変化させたという気分は大きくないです。

　次の段階として、たとえば「2つの数値の和」を「3つの数値の和」にするなど、個数の変化が考えられます。これは、プログラムの構造は同様なのでハードルは低いですが、個数が違

うということでいくらか変化させた気になります。

　さらに難しいレベルとして、「2つの数値のうち最大」を扱ったあとで「3つの数値のうち最大」を求めさせる、というのがあります。これは、プログラムの構造を変化させる必要があるので（解法によりますが）、かなりギャップが大きくなり、完成させたときの達成感も大きくなります。

　このようにさまざまなギャップの課題を用意しておいて、その中から「それぞれにとって適した負荷の（難しさの）」課題をやってもらうことが必要です。マンツーマンに近い状況で、教える側が教わる側のことをよく見ていられれば、「じゃあ君は次はこの問題ね」と適切な問題を指定することができます。

　しかし実際には、学ぶ側の個別の進度を的確に把握して問題を与えるのはかなり高度で難しいことです。ですから私たちのおすすめは、かわりに問題を易しいものから高度なものまで多数用意して、その中から学習者に選ばせることです。

　そんなことをしたら、一番易しい問題ばかりが選ばれるのでは、という意見を聞くことがありますが、それは違います。学ぶ側がここまでに書いてきた意味できちんと学んでいるのなら、自分に合った課題をやるのが一番楽しいに決まっています。ですから私たちは、授業などでこのやり方を実施するときは、「自分に合った問題が一番楽しくて自分のためになる」ことを繰り返し説得するようにしています。

　次に、学ぶ側がそのことを説得されたとしても、自分に合った問題がどれかということがわからないのではという質問もあるかも知れません。しかし実は、これも問題ではありません。だいたいの学習者は、問題を見たときに自分にとって「容易な問題」「つまらない問題」であれば瞬時に解き方が頭に浮かん

でそれとわかり、飛ばしてくれます。瞬時に解き方が思い浮かばないなら、それはやる価値がある問題です。ですから、問題を易しい順に並べておけば、あとは学習者におまかせで大丈夫なのです。

4.3 自分の問題を解くことを楽しむ

　初めのうちは前節で述べたように、学習を設計する側がさまざまなギャップを用意することがどうしても必要です。しかしなるべく早く、学習者が自分のやりたいことを自分で決めてプログラムを作るようにしたいのです。その方が、与えられた課題で練習するよりもずっと、積極的に多くのことを学ぶ結果になりますから。

　しかしこれも前節で書いたように、「好きなプログラムを書きましょう」と言っても最初の段階では学び手は自分にどのようなものが書けるのか想像がつかないので自由課題はうまく行きません。

　そこで私たちがよく授業で採用しているのは「絵を描く」課題です。絵を描くのには色とかどうやって絵の要素を作り出すかなどに関する理解が必要ですが、そこから先は比較的自由にさまざまな技能を使って絵を描くことができます。しかも絵なので「どのような絵を描こう」と構想することが容易です。私たちの経験では、絵の自由課題に熱中してくれた学生は自分でプログラムする力が大きく増します。

　なお、絵を描くというのはとくに教育用言語の環境ではハードルを下げるようなさまざまなサポートがあります。一方で高校生などある程度考える力が蓄積された段階であれば、汎用言語を使ってデータ構造などの考えと一緒にさまざまな絵を描く課題が十分こなせます。この点からも、絵を描く自由課題はおすすめだと言えます。

　1つ自由課題をこなして、自分で自分の思ったものが作れる

という体験が持てたら、そこから先ではそれぞれの新しい学習事項ごとに、「その事項を活用した自分の好きなプログラムを作りなさい」という自由課題を課題セットに入れておくことができます。とくに思いつくものがない学習者や、レベル的・時間的に余裕のない学習者は定型の課題を選ぶことになるでしょう。それでも、そこにまざっている「十分できるようになった」学習者には、いつでも自分の選んだ問題をプログラムする機会を提供することが、教える側にとっても学ぶ側にとっても有益だと思います。

4.4 ファシリテーションが重要

　ここまで見てくると、うまくプログラミングを学ぶようになるためには、学びを主導する側の役割がこれまでとはかなり異っていることに気がつきます。

　つまり、従来型の授業では先生が黒板の前で学習者に一斉に説明し、学習者はノートを取るなどしてその内容を自分のものにしていました。しかしプログラムを学ぶときは、各段階のテーマの説明についてはそれでいいかも知れませんが、なるべく早く実習に進み、そこでは学習者がそれぞれのレベルに合った問題、できれば自分で考えて設定した問題に取り組むことをめざします。

　そのときの先生の役割は、個別の学習者たちを見守り、それぞれに合った課題を示唆したり、学習者が課題に取り組む中で出会った「壁」を見て取って、うまくヒントを与えたりすることになります。このような行為は一般に「ファシリテーション」と呼ばれます。

　ファシリテーションがないと、学習者は自分ひとりでは適切な課題が選べなかったりしますし、選んだ課題が適切であったとしてもちょっとしたつまづきでとてもたくさん時間を費しすぎてしまうかも知れません。そのどちらも、ファシリテーションが適切であればすんなり克服でき、学習者は楽しく有意義に時間を使うことができるのです。

　ここで大切なのは、「答えを教えようとしてはいけない」ということです。答えを教えてしまうと、子どもたちはその分だけ、自ら考えて学ぶ機会を奪われてしまいますし、その方が楽ちんだと思ってしまった子どもは次からは考えるのをさぼって

教えてもらおうとしてきます。それでは絶対にプログラミングできるようにならないということは、ここまで読まれてきた読者には明らかだと思います。

　しかし実は、「教えない」ということはかなりの忍耐と技量を必要とします。人間は誰でもまわりの人の役に立ちたいですし、自分の知識を見てもらえたら嬉しいです。教えることはその両方を満たすのですから、教えたくなるのも無理はありません。しかしここは、学び手のためにぐっと我慢して、「教えないでファシリテーションすること」に徹するのが最善なのです。

4.5 自分に合うプログラミング言語・環境を使おう

　一番最後の要点は、この本全体のテーマに戻り、自分に合ったプログラミング言語や環境を使いましょう、ということです。本書全体のテーマですから、簡潔にまとめます。

　まず、学ぶときに使うプログラミング言語自体の性質によって、すぐ書けるようになるけれどできることが限定されていたり、さまざまなものが書けるけれど最初にかなりいろいろ学ぶ手間がかかったりします。それはどちらがいいということではなく、それぞれの子どもがどれくらい時間を使ってやりたいと思っているかとか、どんなことができるようになりたいかによって、適切なものは違ってきます。

　そういう意味ではどの言語もそれぞれ存在意義があります。ただし、学び手である子どもが持つ制約によっては、容易に克服できないものも含まれます。たとえばテキスト型の言語で英語のスペルが不可欠であれば、その言語を使うのは早くても小学校高学年くらいからにした方がよいでしょう。

　このようなさまざまな点を考慮して、プログラムを学びたいと思う子どもたちに適切な言語と環境を提供してあげるのは、私たち大人の重要な仕事である、と言っておきましょう。

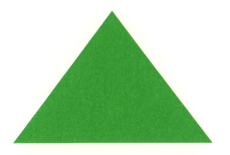

SECTION 5
プログラミングの未来

ここまでで、プログラミングでどのような力がつくのか、どのような言語があるのか、どのような学び方がよいのかについて説明してきました。この章ではあらためて、プログラミングを学ぶことの意義について、いろいろな観点から考えていきましょう。

　話をわかりやすくするためには、何か具体的なことがらを挙げて、プログラミングと比較してみるという方法があります。ここでは、料理を比較の相手にしてみます。

　料理という活動の目的は何でしょうか。もちろん、おいしい料理や栄養のある料理を作ることですね。そのためには、材料に関する知識や、調理法に関する知識が必要になります。さらに、材料の栄養素に関する知識や、材料の加熱や加工による変化の知識などもあった方がよいでしょう。それらの知識に加えて、お鍋や包丁を使うスキル（技能、腕前）も必要になります。

　プログラミングでもこれと同じように、さまざまな知識と、さまざまなスキルが必要になります。どのような言語があるか、選択した言語ではどのように書くかなどは知識ですし、キーボードでプログラムをタイプ入力したり修正することはスキルの一例です。

　ところで、現代ではさまざまな冷凍食品が売られていますから、ご飯とおかずを買ってきてレンジでチンすれば、立派な食事ができてしまいます。だからといって、料理という活動が廃れることはないですし、料理を学ぶ意義が議論されたりすることはありません。

　プログラミングも同様です。現代ではさまざまなアプリケーションソフトウェアが売られていますから、自分の仕事に必要なアプリケーションソフトウェアを買ってきたりネットワーク

からダウンロードすれば、かなり多くの仕事はできてしまいます。しかし、プログラミングという活動が不要になることはありません。

　なぜ、人は料理をするのでしょうか。さまざまな理由があるでしょう。これまでにないような新しい料理を作りたい。冷凍食品やレストランの料理の味つけに満足できない。アレルギーがあるので普通の材料が使えない。特別な材料が手に入ったのでそれを使った料理を食べたい、などなど。

　これらと同様のことが、プログラミングを行う理由になります。これまでになかったような新しい計算問題が発生して、それを解くようなソフトウェアが存在しないため、自分でプログラムを書くしかない。一部のデータが壊れていて使えない。特別なデータが手に入ったのでそれを利用した計算を行いたい。どれも、プログラミングを行う理由として十分なものです。

　もちろん、料理が楽しいからするという人もたくさんいます。人が考えたレシピどおりに料理する場合でも、いろいろな工夫が必要で、そのような工夫をすることはとても楽しいです。さらに、新しい料理を自分で創り出すのが楽しいという人もいます。食べる側から見れば、料理の目的は、おいしいものを食べて幸せになることであったり、栄養のあるものを食べて健康になったりすることですが、作る側から見れば、食べる側のニーズを満たしつつも、細かい工夫や大胆なレシピで自分なりの味や見た目や食感を作り出すことが、大きな楽しみを生むのではないでしょうか。

　プログラミングも全く同じです。人が設計したコードを実現していて楽しいという人もいますし、全く新しいものを作り出すのは誰から見ても楽しそうです。そのままでは数字の羅列に

過ぎないデータが組み合わさって、全然別の形に変化して、たとえば絵や音が出てきたりすることを体験するのはとても楽しいです。

　料理の手順を工夫することを楽しむ人もいるでしょう。たとえば、じゃがいもを茹でている間にオーブンで肉を焼けば、料理全体の時間が短縮できるとか。これは実は、並列処理という少し高度なプログラミングの原理に相当します。さらに言うならば、料理の手順、つまり、レシピーを考えること自体、プログラミングにとても似ています。いや、レシピーを考えることは、プログラミングの一種と言ってしまってもよいかもしれません。つまり、レシピーはプログラムの一種と考えられます。この点については、あとで詳しく述べましょう。

　ここまででお話ししたのは、工夫して新しいものを創り出すという楽しみは、料理にもプログラミングにも共通している、ということでした。ただし、プログラミングの楽しみは、もっとスケールが大きいのです。料理という言葉も、より大きいスケールで用いられることがあります。たとえば、辞書を引くと「物事をうまく処理すること」という意味があって、「国政を料理する」というような例文があったりします。

　ここが重要なことです。プログラミングと言うと、コンピュータに向かってぶつぶつ言いながら行う暗い作業のように思われるかもしれませんが、決してそのような作業に限定されることではありません。

　まず、プログラミングでできることは「コンピュータでできることすべて」ですから、料理よりもずっとできることの範囲が広いです。勉強でも、仕事でも、趣味でもプログラミングは活かせます。それどころか、「料理ロボット」が開発され普及

したら、料理すらプログラミングでうまく行くようになるかも知れません（とくに手先が器用でない人の場合）。

次に、開発したプログラムはネットワーク経由でどこにでも送れますから、世界中のあちこちの人に使ってもらえます。かなり特殊な用途のプログラムでも、そういうものを必要としている人が探して使ってくれて感謝してくれたりします。また逆に、面白いゲームを思いついて作ったらすごく人気が出た、という話もときどき耳にしますね。

近年、自動車の自動運転や、会話できるロボットなど、身近なところも含めて、あらゆる分野で人工知能の技術が発展しています。人工知能の技術とプログラミングはどんな関係にあるでしょうか。

ひょっとすると、人工知能が進めば、プログラミングも人工知能がやってくれるので、人間がプログラミングする必要はもうなくなってしまう、と思われるかもしれません。

まず、人工知能とは、決して、1つの技術ではなくて、情報学のさまざまな技術の総体であることを指摘しておきましょう。人工知能と言うと、魔法のような技術と思われるかもしれませんが、決してそんなことはありません。たとえば、自動車の自動運転の技術は、画像を処理する技術、画像の中で物体を認識する技術、自動車の位置を同定する技術、運転を計画する技術、自動車を制御する技術、さらに、まわりの自動車と通信する技術などからなりたっています。さらに、これらの技術は自動車に搭載されたたくさんのコンピュータで実装されますので、コンピュータとネットワークの技術が必要です。

これらの技術は、どれをとっても、実装するためにはプログラミングが必要です。つまり、人工知能という魔法のような技

術も、それを構成する個々の技術は、人が書くプログラムによって実現されているのです。また、さまざまな技術を統合して、自動運転という1つのアプリケーションとして完成させるためには、個々の技術を実現するプログラムをまとめるためのプログラムがなくてはなりません。そこでも、やはり、プログラミングが必要です。

　それでも、人工知能の技術が、1つのアプリケーションとして完成してしまえば、もうプログラミングは必要ない、と思うかもしれません。しかし、人工知能のアプリケーションと言っても、従来の普通のアプリケーションと変わるところはありません。売られているアプリケーションそのままで十分ならばよいのですが、これまでにない新しい状況に対応させたいとか、新しい種類のデータを処理させたい、ということになると、プログラミングがどうしても必要になります。

　コンピュータやプログラムが生まれてきてからまだ数十年しか経っていないことを考えてください。その間の進歩はすさまじいものでした。だからあと数十年（つまり今の子どもたちが成人して引退するまでの間）にプログラミングでどんな凄いことができるのか、それこそ想像もつきません。つまりプログラミングは未来を作り出せるのです。

5.1 プログラミングと教育

　従来からの政府方針を受け、文部科学省は小学校でプログラミング教育を必修化する方針を決めて、中央教育審議会も、小学校の指導要領にプログラミングの項目を入れることにしました。高校には2003年から「情報」という教科が新設されましたが、小学校では新教科ではなく、総合的な学習の時間や算数などの教科の中で、プログラミング教育が行われる予定です。

　諸外国では既に、プログラミングを含む情報教育の低年齢化が顕著です。英国では小中学校（5〜16歳）でのプログラミング教育を2014年から必修としています。米国では情報技術者の給与が高いという実利的な理由もあって、計算機科学の必修化が多くの州や市で進んでいます。また、草の根的なプログラミング教育の運動も盛んです。code.org（コードオルグ）というプログラミング教育のためのウェブサイトでは、オバマ大統領も1時間プログラミングを経験したと宣伝されています。親もプログラミング教育を強く期待しているという調査結果も出ています。

　では、プログラミング教育の目的は何なのでしょうか。ここで言いたいことは、もうおわかりでしょう。あえて1つに絞るとするならば、「創造力を高める」ことです。

　政府方針の背景にはIT業界などの声もあるでしょうけれど、小学校からプログラミング教育を行う目的は、プログラマと呼ばれる技術者の予備軍を増やすことではありません。すべての小学生がプログラマを目指すわけではありませんから。もちろん、プログラマ候補の裾野が広がることは事実ですが、すべての小

学生がプログラミングを体験すべき理由にはなりません。すべての市民が、その人生の中で、プログラミングの体験を生かすことができる、少なくとも、生かすことができる可能性がなくてはならないのです。

「創造力を高める」ことができるならば、プログラミングは、すべての市民にとって貴重な体験となるはずです。しかし、小学校の教育の中にも、「創造力」を高める場はすでにいくらでもあります。音楽や図画工作の授業は、まさに、創造力を高めることを目的にしています。では、プログラミング教育で養われる「創造力」とは何なのでしょうか。言うまでもなく、「プログラムを創造する力」です。ただし、ここで言うプログラムとは、コンピュータのプログラムに限るものではありません。もっとずっと広く、「手順を作りだす力」のように捉えています。

料理のレシピはプログラムと言っても過言ではありません。料理のレシピは、コンピュータではなくて人が料理をするための手順を記述したものです。このように、人の作業の手順もプログラムです。とすると、組織の運営方法を定めることもプログラミングと考えることができます。ビジネスのやり方や社会制度、さらには国の政治を考えることもプログラミングです。

5.2 情報学とコンピューテーショナルシンキング

　なんだか、一般化し過ぎているような気がするかもしれません。はたして、コンピュータと人の活動を一緒くたに考えることができるのでしょうか。

　そのための鍵が「情報」です。料理では、調理している「もの」が変化していくので、情報を意識することは余りないですが、料理の手順を制御しているのは「もの」が表す情報にほかありません。たとえば、「焦げ目がつくまでオーブンで焼く」場合、「焦げ目」が重要な情報です。

　人間や社会の活動では、さまざまな情報が与えられるとともに、新たな情報が生み出され、そのような情報によって活動が制御されます。コンピュータも同様です。コンピュータは情報を入力するとともに、情報を生み出し、情報によって自分自身と他の機械を制御します。コンピュータのプログラムも、そのようなコンピュータの活動を記述した文書です。ただし、言うまでもなく、コンピュータが機械的に実行できるような形式で書かれます。

　音楽や図画工作でも、ただやみくもに音楽を演奏したり絵を描かせたりするではなくて、いろいろな原理を教えますね。当然ながら、プログラミングに対しても、プログラミングのための原理があります。コンピュータの発明とともに、コンピュータ科学という学問が発展し、情報について探求する情報学と呼ばれる学問が確立しました。情報学はコンピュータ科学を包含する、より広い学問です。そして、その情報学の中では、プログラミングのための各種の原理が長年にわたって培われてきま

した。

　最近では、そのような原理に従って、コンピュータ科学者のように考えることを、「コンピューテーショナルシンキング」と呼ぶようになりました。並列処理、問題分割、分散処理などは、プログラミングのための典型的な原理であり、コンピューテーショナルシンキングの中に含まれます。

　料理においても、よい料理人は、ある作業と別の作業を複数のこんろやなべを使って並列にこなすことで、短時間で料理を完成させたり、複数の料理がちょうどいい時刻にできあがるようにします。これが並列処理です。並列処理では、複数の調理作業が並列に実行されます。

　また、何人かの料理人が協力して1つの料理を作る場合は、レシピーを手分けして実行します。このためには、1つの料理を分割して料理人に振り分け、それぞれの料理人が別々に料理して、その結果を合わせる、というような処理が必要になります。

　このように1つの問題を分割して複数のコンピュータに振り分けることを、コンピュータ科学では、問題分割と呼びます。また、分割された問題を複数のコンピュータで処理することを、分散処理と呼びます。これらに限らず、コンピューテーショナルシンキングに含まれる各種の原理は、あらゆるプログラミングにとって有効です。

　ここまでで、プログラミング教育の目的について、だんだん理解していただけたのではないでしょうか。プログラミング教育は、コンピュータのプログラムに限らず、さまざまな種類のプログラムを創造する力を養うためのものです。そして、プログラミング教育では、そのための原理を学ぶことが期待されます。

　つまり、特定のプログラミング言語を使ってプログラムを書

くこと自体がプログラミング教育の目的ではありません。プログラミングの活動を通してコンピューテーショナルシンキングを身につけ、広い意味のプログラムを創造する力を養うことこそが、プログラミング教育の目的なのです。

　プログラミングの対象がコンピュータのプログラムに限らないことを説明しましたので、さらに想像力を働かせていただければ、広い意味のプログラムを創造する力が、ビジネスを立ち上げたり、社会制度を設計したりするために有効であるとおわかりいただけるでしょう。

　つまり、ここで言う広い意味のプログラムとは、社会の中の活動を導くものなのです。いうまでもなく、日本がこれからも豊かな社会であり続けるためには、市民一人ひとりがそれぞれの立場で、そのような創造力を発揮していく必要があります。

　これまでに述べたような広い意味のプログラミングのための原理を探求している学問が、コンピュータ科学を含む情報学です。情報学という学問は、数学や物理学などに比べれば、はるかに若い学問です。しかし、情報に関する原理と技術を探求する学問として確立しています。

　2016年に日本学術会議が公開した「情報学分野の参照基準」では、情報学を情報に関する原理と技術を探求する学問と定義しています。もちろん、プログラミングのための原理は情報に関する原理に含まれます。

　さらに「情報学分野の参照基準」では、情報学の目的を「社会的価値を創造すること」と捉えています。広い意味のプログラムが社会の活動を導くことは説明しましたが、その活動が社会にとって意義あるものであるためには、何らかの社会的価値を生み出さなければなりません。

「価値」という観点によって、これまでの議論はもう一歩先に進められます。つまり、プログラムが導く活動が、どのような価値をもたらすのか、という疑問が沸いてきます。さらに、新しい価値をもたらすためには、どのような活動を行えばよいのか、言い換えると、どのようにプログラムを書けば新しい価値がもたされるのか、という課題を設定することができます。

　コンピュータ科学では、コンピュータのプログラムに関して、その価値を定義する数学的な原理が研究されてきましたが、残念ながら、社会の活動を導くような広い意味のプログラムが持つ社会的価値を定義するための原理や、新たな社会的価値を生み出すようなプログラムを書くための原理は確立していません。そのような原理を探求することこそ、情報学という学問の責務なのでしょう。なぜなら、社会の活動の定義するための鍵は、活動の中で流れる情報にほかならないからです。

　以上のように、情報学はまだまだ発展していく学問ですが、既に確立した原理や技術もたくさんあります。どんな学問分野でも、情報を扱わずに済ませられないですから、そのような原理や技術は、あらゆる学問分野で活用されています。したがって、「情報学分野の参照基準」では、その中核にあるコンピュータ科学を含めて、情報学を「文系・理系を問わず、すべての分野に貢献する基盤的な学問」として捉えています。このことは、すべての市民が情報学の基本的な素養を持つべきことに対して学術的な根拠を与えています。

　コンピューテーショナルシンキングは、そのような素養をわかりやすくまとめたものということができます。そして、プログラミングはコンピューテーショナルシンキングを身につけるための格好の教材なのです。さらに、広い意味のプログラムを創造す

る力を養うことこそが、プログラミング教育であることはすでに述べました。そして、プログラミング教育において、プログラミングを楽しむことが重要であることも述べました。プログラミングが楽しい理由は、創造することが楽しいからなのです。

SECTION 6
世界の
プログラミング教育

上松恵理子

　これまでプログラミングのことをいろいろと解説してきましたがいかがでしたでしょうか。面白そうだと思った人はぜひ、挑戦してみてください。興味を持ったプログラミング言語でまずはやってみましょう。しかし、ちょっと面倒かな、と思った人はいませんか。社会で必要と言っても、子どもにとってはまだ先のことだし、学校の必修化もどうせすぐに始まるわけではないし、と思う人もいるかもしれません。

　さて、海外の学校はどのようになっているのでしょう。私はここ数年来、いろいろと海外の学校を視察してきました。主に情報教育に関しては先進国と言われている国々です。訪問した学校は、先進的な学校もありましたし、普通の公立学校もありました。また、どちらかというと富裕層ではなく、難民の子どもたちがたくさんいる学校もありました。決して先端的な学校だけを訪問したわけではありません。

　これらの学校に共通することは、先生が自分の知識を教えるのではなく、時代のニーズに沿って「学習者がこれから必要となってくる力はなんだろう」ということを重視して学習が行われているということです。学習者中心（ラーナー・センタード:learner centered）という言葉がありますが、この言葉通り、すべての学習は学び手を中心に行われるのです。過去のものとなってしまった古い知識をそのまま一方的に教えることの対極にあります。教科の枠組みや学習指導要領も時代に合わせて変えていきます。子どもにそういった新しい能力を身につけさせることが学校の役割なのです。日本の小学校でもこれからプログラミングが必修化となります。

　プログラミング教育の先進国の事例を見ていくと、日本の将来に役立つヒントがあるように思います。世界の学校現場がどのような状況になってきているのか、ようすを見てみましょう。まずは私が訪問

した北欧（フィンランド、スウェーデン、デンマーク）の学校教育についてです。訪問したきっかけは、OECD（経済協力開発機構）のPISAの評価が群を抜いた優れた成績を収め、各国から注目を浴びているといった理由からです。PISAとは多くの国々が参加している評価の方式です。日本でも、PISAショックという言葉が話題になりましたし、それを聞いたことがない人でも、ゆとり教育で学力が下がったというメディア報道を思い出す人もいるかもしれませんが、これはPISA調査の結果を受けてのことでした。

　私が授業訪問・調査した学校で移民を受け入れている状況がありました。ですから、日本とは異なる言語や文化を持つ児童生徒が同じ教室にいるということも少なくありません。グローバル化が進むと、そういった異なる言語や文化を背景にした人たちと関わっていく必要があります。プログラミング教育によってコンピュータの理解が深まり、夢が実現できる世界に1歩ずつ進んでいくことができるため、そのようなことを考えて教育をデザインしている国も少なくありません。

　北欧の事例の次は、ICT教育先進国で2回の調査訪問を実施したオーストラリアのクイーンズランドの事例を紹介いたしましょう。最後にブロードバンド普及率が高い、お隣韓国の事例を紹介いたします。

　さて、最初は北欧の3か国、フィンランド・スウェーデン・デンマークの訪問のようすを紹介してみようと思います。

6.1 フィンランドの事例

　フィンランドでは各学校で、2015年度から教科書のデジタル化が始まり、プログラミング教育が2016年から小学校1年生で必修化されています。新学期に間に合わなかった教科もありますが、すべての学校で、教科書の内容をデジタル端末で見ることができます。とくに2015年秋に高校1年生として入学した生徒から、ヘルシンキの学校の卒業試験はすべて電子試験になることもあって、教室でも家にある自分のパソコンを自由に持ってきて学習するという場面はよく見かけるようになりました。つまり、すべての教科でパソコンを使用することが日常的になっているのです。

　私の訪れたマーヌラン ヨテイ（Maunulan Yhtei）校はヘルシンキ市内にあり、約800名の生徒がいる高校です。とくに数学に力を入れていることもありますが、13歳から16歳までの7年生から9年生までの国際クラスがあるということも特徴の1つです。2015年9月に訪問したときには、数学の授業の中にプログラミング教育が取り入れられていました。

　この学校は自分のパソコンを持参して授業で使用するBYOD方式で授業が行われていました。これはBring（ブリング、持ってくる）your own dvaiceの略です。しかし、たとえBYODであっても、教室にパソコンを常備しているので、持っていなかったり忘れたりした生徒にも行きわたるようになっています。いつも借りている生徒もいるということでした。移民を受け入れているクラスも少なくないため、自分のパソコンを持ってきて情報をシェアしたりSNSをしたりするコミュニケーションツールとなっているということでした。

　さて、私が見た英語の授業というのはほとんどが合科です。これは

合教科とも言いますが、2つの教科を一緒にして教えることで、これは大変効率がよく学習の定着が高まるというデータもあり、世界で広がっている動きです。たとえば私が見た一部の例ですが、数学と理科、国語と社会、英語と建築、英語と数学、歴史と地理というものがありました。教科の枠を置かずにプロジェクトワークで関わるものもあります。

英語を使って数学を教えている先生にインタビューをしたところ、英語を使った授業には、保護者が子どもに対し、高い学力になることを期待していることがあるということでした。また、英語の合科の授業のすべてに言えることですが、文献を検索したり、情報を入手したりする際、あるいはプログラミングソフトのことを調べたり検索したりするときに、「フィンランド語のものよりも、多くの情報にたどりつきやすく、調べ学習がはかどります。」と言っていました。フィンランドはフィンランド語とスウェーデン語で授業が行われますが、英語も公用語となっていて、グローバル社会に対応するために英語の授業も行われているのです。

数学の授業は、複数の先生の授業を見学しましたが、ほとんどのクラスでは、Web上の宿題に自分の持っているタブレット端末からアクセスを行い、宿題を行ったり、教科書を見て先生の説明を理解しようとしたりしていました。「先生があとから採点するよりも、その場で生徒が正誤をチェックする方が成績の定着率が高い」と言う先生もたくさんいました。先生は生徒がどう解答の誤りに至ったか、順を追って書き込みを見て、その傾向を重視することを一番大事なこととしています。何個、間違えたかということではなく、間違えに至った思考のプロセスに注視するということでした。

どこの教室においても自分のパソコンからWeb画面にアクセスし、問題を見てそれについて考えるという方式がとられていました。先生

図12　数学の授業のようす（2015年9月ヘルシンキ市にて）

はWILMA（ウイルマ、http://wilma.edu.hel.fi/）というウエブ上の校務システムの画面を開き、生徒の出席のチェック、成績や態度の良し悪しを毎時間入力します。日本でも出席簿やエンマ帳に毎時間先生が気づいたことを記録しますが、それと同じことをパソコンの画面を見ながら入力するのです。

　なんと、保護者はリアルタイムでそれを閲覧することが可能でした。とてもびっくりしたことなのですが、一緒にタクシーに乗った友人がスマートフォンで「今日は授業で息子が先生にほめられた！」と話しをしていたので、聞くと、リアルタイムで子どもたちのようすを見ることができるということでした。実際、プログラミング教育の選択授業を見せてもらったときに先生に聞いたところ、「子どもが授業妨害をすればすぐにチェックボタンをクリックしますし、授業で頑張った

らそのことを保護者に連絡することができますよ」と返事をしたので驚きました。

　出席管理もWILMAで行われます。日本では高校に行かないでさぼってゲームセンターに行っていても、それがすぐにはわからなかったというケースがありましたが、これが導入されたらすぐにばれてしまいますね。左の写真にあるように、教室でスマートフォンを使って、検索するということは日常的なことでした。また、スマートフォンのアプリから前回の授業を確認することも可能です。では成績管理についてはどうやっているのでしょうか。それもWILMAというシステムで生徒を管理しています。これはウェブベースのシステムで保護者が児童の出欠席や学習の状況など、インターネットを通じて把握することも可能なシステムです。さらに、スマートフォンのアプリなどが併用され運用されています。WILMAのウエブサイトを見ると、ライセンスはヘルシンキ市が所有し、先生は生徒や保護者と宿題や連絡のやり取りをすると書いてあります。先生は毎回の授業で生徒の出席状況や個人情報を自分が把握したことについて毎時間更新しています。生徒と保護者はユーザ名とパスワードでアクセスすることができて宿題も保護者が見ることができます。

　ちなみにちょっと脱線しますが、日本とは違い、保護者は子どもが18歳になるまでパスワードを管理することができますが、18歳になったら子どもが教えてくれない限り、個人情報を見ることはできません。日本の親は驚くかもしれませんが、18歳になったら、子どもが病気になっても、本人の承諾がない限り、病名すら教えてもらうこともできません。ということでそれぞれのお国柄もあるようです。

　さて、WILMAについて、2015年9月11日、ヘルシンキ市内の高校の先生方にインタビューを行いましたが、このシステム導入については大勢の先生方が反対したそうです。しかし、今では出欠管理や

宿題の提出トラブルも無くなったことで、結果的には、ほとんどの先生方がよかったと思っている、と述べていました。実際、保護者からのクレームもなく運営されているということでした。学校によっては、出欠管理だけでなく、宿題や生徒同士が国語などの意見交換に使う例もありますし、お互いの課題を見ることもできます。

　便利なことに、WILMAはその学校のニーズによってカスタマイズすることができるもので、先生方のお話しでは学校ごとに使用方法が異なり、それぞれに特徴があるとおっしゃっていました。

　中学校でプログラミング授業も見学しました。カウイアイネン市のドリームスクールと呼ばれている学校で2015年9月14日のことです。

　フィンランドで行われているアクティブラーニングによるプログラミング学習がコミュニケーション能力を高めるということを目の当たりにしたのです。

　私が見学した授業では、パソコンの前に座るのは最後で、とにかくアイデアを出し合うというプログラミングの実践授業で、内容はゲームのソフトを作るというものでした。ゲームを作るにあたって、どういったストーリー展開にするのか、登場人物のキャラクターの特徴はどういったものにするのかなど、グループワークで相談した内容をプログラミングしていきます。プログラミングの最中でもどのように動かすようにするとよいのかといった細かいところまで、どんどんコミュニケーションし、グループ内の一人ひとりが納得するまで話し合いを行います。このように、プログラミング内容について、お互いに意見を交わし合うことが授業内で行われることで新しい創造の機会を得るといった授業を見ていると、学習者はとても楽しそうでした。

　聞くところによると、小学校から一斉授業ではないアクティブラーニングで学ぶ授業が多いということで、生徒たちは慣れているようすでした。

図13 フィンランドの学校における教科「情報(選択)」のようす

2015年9月 カウイアイネン市にて

　フィンランドの多くの学校は、問題解決をする力を高めるためにプロジェクトワークをよく行います。プロジェクトワークとは、グループで課題を設定し、それについてディスカッションしたり、その成果をプレゼンテーションしたりといったものです。PISA型読解力や、その上位概念であるコンピテンシーは、課題を解決する力も含まれているため、学校の授業でそういった活動をいち早く取り入れていました。

　PISAのアセスメントはエレクトリックリーディング(パソコンの画面で情報を読み解くこと)で行われ、クリティカルに考えることが行われています。そういったことから、各教室には必ず、プロジェクターや実物投影機といったものが常備されていました。

　また、支援員や教育実習の学生が教室に出入りして、授業をサポートすることはどこの学校でも珍しいことではないようすでした。先生もそういったサポートをしてくれる人材がクラス内に「うろうろ」といることは普通のことのようでした。公立の学校であっても企業の社員が授業に来ることはとても多かったです。たまたま行ったときにコ

ンピュータゲーム開発で世界的に有名なロビオ社（Rovio Entertainment Ltd.）の社員が来ていて、アポイントをお願いしたら会社見学に行かせてもらえることになりました。面白い事例としては祖母が孫の授業を見学したいために、孫の同級生の学習困難な児童たちのお手伝いとしてのサポート支援員として常に教室にいるというケースもありました。このような背景には、北欧では授業についていけない児童生徒に対するサポート体制がとても手厚いということがあります。たとえば、障がいを持った児童には1人に多くのサポート支援員がいることは珍しいことではありません。支援員は、先生のタマゴで、教育学部の大学院生のこともあります。

　では次にスウェーデンを見てみましょう。

6.2 スウェーデンの事例

スウェーデンのICTに特化した国家規模の教育研修制度について私が初めて知ったのは、15年以上も前のことでした。スウェーデン教育科学省が設置したDelegation for ICT in Schoolsというネットワーク利活用プログラムにおいて、先生を対象としたICTリテラシー向上とスキルアップを目的とした研修が行われていました。今でもインターネット時代に対応した新しい教育法やカリキュラムに先生方を適応させるため、モデル校特区などに留まらない幅広い教育政策を続けているのがスウェーデンです。

スウェーデンはノーベル賞といったアカデミックなイメージが強い国ですが、一方で、移民・難民の受け入れには以前から積極的に行っています。私が乗ったタクシーの運転手さんは中東から出稼ぎに来ていました。聞いたところそういったケースは多いということでした。運転手さんは、スウェーデンで生活するために必要なスウェーデン語のプログラムも充実していてよかったと言っていました。

生徒の学習の達成度を計るスウェーデンナショナルテストにおいては、デジタル時代に対応したテストと評価が行われています。驚いたことに、まずは小学校に入学した時点でパソコンに対応できる能力を育成するため、すべての小学校の1年生に電子メールアカウントが与えられています。このことで、子どもや保護者が先生や学校と地域とのコミュニティーなどと能動的に連携することが可能となっていました。

この制度のことをスウェーデンの先生たちに尋ねると「これは基本的人権であり当然のことです」と口々に述べていました。スウェーデンでは、授業は小学校低学年から、授業中にインターネットにアクセスして検索機能を使うことも日常的でした。

図14　スウェーデンの学校における国語の授業のようす

写真は、物語を映像制作してそれをアップロードしたり、アプリケーションを使い、音読の練習のために音声入力を行ったりするようす
2012年12月ストックホルム市

　学習者が作成した作文や映像をその場でウェブに共有してコメントし合うことも頻繁に行われ、活動の成果をe-ポートフォリオにまとめ、クラウドにアップしたものを見ながら、SNSを利用し、感想を述べ合うスタイルです。また、フィリップドクラスルーム (flipped-classroom) を利用した授業も見学しました。日本では「反転授業」と呼ばれています。「反転授業」の「反転」という言葉から、先に授業の内容を動画で学習してから、授業でそのことについて学ぶという方式と思っている先生方も多いようですが、こちらスウェーデンでは、一斉教育で事前に学習するという使い方より、むしろ、授業中や、たまたま先生が早口に話した言葉を、あとで確認するための復習、あるいは体調が悪く欠席した授業を見る場合が実際は多いようでした。学習者がどのように学習しているか、リアルタイムで学習履歴やデータを確認することができるので、評価にも参考になるということでした。

　このスウェーデンのストックホルムにあるオールシタ校 (Arstaskolan) には2012年から2015年の間に3回訪問しました。スウェーデンは先生方の転勤が無いので、私も先生方と親しくなり継続して調査訪問することが楽しみでもありました。先生が転勤の無いケースは、いろい

図15 スウェーデンの学校におけるようす

ろな意見があるかもしれませんが、少なくとも先生が学校に対する深い思い入れを感じるシーンをたびたび目の当たりにしたことで、この学校をよりよくしたいという先生の気持ちを感じることが多々ありました。しかし管理職である校長先生は転勤があります。

　授業のようすを見ると、児童が持っているパソコンは、コミュニケーションツールとして使われているようすが見られ、情報をより早く共有できることによって、学習者の学びが変化していると感じられました。複数の先生へのインタビューでは、「インターネットはすべての授業で使われており、それを使わないで授業を行うことは不可能」という答えでした。

　また、インターネットを使うことで何か問題があれば、先生が対応するのではなく、スクールカウンセラーが来て対処するのです。今

の社会のニーズに学校を合わせていくことが必要だと校長先生がおっしゃっていたのが印象的でした。

　小学校の国語の授業で興味深かったのは、創作的な活動を重視しているということでした。たとえば、小説を書いて、授業中にインターネット上にアップロードすると、人気の作品は世界中で1700ものダウンロード数があったそうです。

　生徒は小説に合った表紙を作ったり、登場人物数名とメインパーソンを決め、その作品のテンションや場面設定を決めたりすることを行います。これはメディアリテラシーの映像制作の授業とコンセプトが一緒です。

　リテラシーとはいろいろなことを読み解くことのできる能力で、メディアリテラシーはメディアについていろいろな見方をすることができる能力です。メディアリテラシーの方法には、自分のクラスや他のクラスの友達と授業中に批評しあったり、作家についてインターネットで検索し、その作家の作品の傾向を調べたりするという方法もあり、メディアの理解が深まります。

　スウェーデンの国語の授業におけるメディアリテラシーを育む学習活動は、先生だけでなく、同じクラス、同じ学校にとどまらず、インターネットに繋がった世界中の多くの人によって作品が評価される機会を作るため、よい作品を作ろうといった学習者のモチベーションにつながっていると感じました。実際に外国からの反響やメッセージも表示され、その反応に喜ぶ子どもの笑顔がとても誇らし気なようすでした。

　子どもたちに聞くと、長文を書く活動は、紙と鉛筆の作業では大変なことだったけれども、コンピュータを使うと加除訂正ができる、読みやすい、スペルの間違いをソフトが指摘してくれるなどの声が多くありました。スウェーデンでは国語だけでなく、すべての教科で、ク

リエイティブ力や想像力を重視しているようです。

　多様な人種や集団の中でよい関係を作り、争いを起こさない、あるいは、解決する能力を育むために、学校現場でこういった活動が工夫されているという現状は、時代のニーズ、移民が多い環境に合っていると実感しました。

　小学校では企業家教育が行われていて、自分たちが作ったアプリを販売するという授業を行っていました。単にプログラミングをするだけではなく、目的をはっきりさせているというのが特徴的でした。たとえば、地雷を撤去するためとか、地球環境をよくするためとか、一見、とても壮大な目標のように思いますが、そのためにはどうすることが自分たちに必要なのかを考え、生きる力を育んでいるようすが見られました。また、アプリケーションを使って音読の授業も行われています。音読した声を録音したものは、iPadに保存し、保護者の好きな時間に聞いてもらうことができます。

　ところで、先生は学校のウエブサイトで自分のブログを持っているケースが多いのも特徴です。ブログに生徒が書き込みをすることも自由です。ブログに宿題の予告の掲載がされるため学習の準備もできます。たとえば、移動教室として、校外学習が行われることもあるので、それを見て保護者が持ち物の準備をすることも可能です。児童の祖父母もそのブログを閲覧するのを楽しみにしていると言います。

　ところで近年、日本でもデジタル教科書が話題になっていますが、スウェーデンではすでに市によっては紙の教科書を廃止して、iPadなどで閲覧する学校も少なくありません。授業で板書されたものをiPadで写真を撮って自分のフォルダに保存している児童も大勢いました。私の友人であるアニカ氏は、「カリキュラムや指導方法は、ICT教育を前提としたものです。これだけ薄い学習指導要領にするためにこれまで先生たちはいろいろと頑張ってきた」と述べていました。クラ

スの先生方の裁量に任せて授業が行われるようにいろいろと国が方向を転換したのです。たとえば、先生方のモチベーションをあげるために、プレゼンテーションで優秀だと認められたクラスに市がパソコンをクラス全員に1人1台ずつプレゼントするという粋な計らいもあるということです。スウェーデンではグローバルに活躍できる子どもたちを育成するために、ICT教育がすべての学習の基礎と位置付け、国家としてグローバル社会を目指していることがわかりました。

6.3 デンマークの事例

　デンマークでは国の政策として2013年には全国でBYODという方針が打ち出されています。ということで必然的に1人が1台の端末を持って授業を受けることになります。授業のようすを見ていると1人で3台持っている学習者もいます。自分のパソコンを教室内に持ってくるだけでなく、音楽を聴くためのiPodなども机上にありました。

　学校では学習するにあたって、どの教科においてもノートパソコン、あるいはタブレット端末は必須であり、試験もパソコン画面を見ながら行います。授業では、ほかの学校や隣のクラスと情報を共有したり、授業内容や実験の内容もシェアしたりしていました。

　日本の学校内ではあまり、スマートフォンを自由に使うことができないケースが少なくないのですが、デンマークではスマートフォンは学校に自由に持ち込むことができて、SNSをよく使うと先生が言っていました。

　また、これも日本と異なるのですが、匿名でSNSの登録をすることはほとんどないと言っていました。日本は匿名でアカウントを作る事例があると言うと、何の目的でSNSをするの？　と逆に聞かれてしまい、苦笑しました。私が訪れた学校の生徒たちのSNS利用は主に友達とコミュニケーションや家族との連絡用です。学校の友人や知人ということで繋がるだけでなく、趣味の合う世界中の友達と仲間になっている例がほとんどで、これも、気の合った仲間同士で友人になるケースが少なくないのでポジティブな使い方のように思えました。

　先生へのインタビューでは、「生徒に使い方を教えるということを中心に授業するのではなく、授業内容を充実させることに専心した方がよいと思う。トレンドについては逆に生徒に聞くことが多い、使い

方を覚えるのは早い」と言っていました。iMovieという動画編集ソフトはよく使うようで、物理の実験、家庭科の調理など、動画でもシェアできるし、共同作業も家にいてもできるから楽しいし面白いと述べていました。授業のようすをiMovieで録画し、いつでも好きな時間に復習する、と生徒が話していました。

こうなったのはいつのことなのだろうと聞いてみると、たぶん、急激にiPadやPC導入が進んだのは2010年過ぎくらいから、ということでした。あちこちの家庭でパーソナルコンピュータが購入され始め、その後、子どもたちが家で日常的に使い始めたこと、また、ゲームもそのきっかけになったようだということでした。SkypeもYouTubeも授業で使われているということでした。

コペンハーゲン郊外のグローネヴァン（Grønnevang）中学校のミシェル（Michael）校長の話によれば、先生方も、SNSで情報の共有や連絡し合いながら、授業を行っているということでした。

国語の先生であってもSNSをよく使い、紙はほとんど使わないそうです。訪問したクラスは全員がFacebookを使って、世界中の人たちと繋がっていました。祖父母とSNSフレンドになっていて楽しいと言った声もありました。この学校ではTwitter、Instagramも授業で使われます。SNSは日本ではLINEを使う例が多いですが、ここデンマークではFacebook、Twitter、Instagramでした。

かつて昼休みだけ、Wi-fiを自由に使えるようにして、他の時間はネットを使えなかったのですが、子どもたちがスマートフォンで自由にネットを使っているのを見て、結局は一日中、自由にインターネットを使うことを許可したという話でした。スウェーデンと同様に、子どもたちが自由にネットにアクセスするということは子どもの人権と述べている先生もいました。デンマークでは課題解決学習が中心であるため、テストのときにすべて持ち込み可、もちろんインターネットを自由に

使うことができます。生徒たちが試験の準備をするのは、どのURLを見るようにするか事前に調べることが中心だということでした。暗記はしなくても検索をすることが自由にできるため、暗記力を求めることよりも、どう課題を解決していくか、そちらを中心に学校では指導をしていました。

6.4 オーストラリア、クイーンズランド州の事例

　オーストラリアは州ごとに教育制度が異なっているのですが、とくに人口密度が低いことから遠隔教育が盛んだった背景もあり、ICT教育はどこの学校でも行われています。その中で、クイーンズランド州はオーストラリアの州の中でもICT教育を積極的に行っている州の1つで、低年齢からICT教育を行うといった特徴があります。

　州の教育予算の割合は高く、公立学校のすべてでICT教育が行われています。州政府が主体となってデジタル教材のプラットフォーム整備やデジタル教材制作を行っています。豊富なデジタル教材が作られる背景には、教育投資を重視する政策があるからです。

　私が訪問したのは2014年8月のことですが、そのときは10校以上の学校訪問をしてインタビューを行いました。ここではジンダリーステート小学校（Jindalle State school）というブリスベン市郊外にある小学校の話をしたいと思います。ジンダリー小学校では、日本で言えば教務主任の先生がいろいろなICTの授業をコーディネートして、ICT支援員の配備を決め、すべての教科でICTを使い、すべての先生についての研修をこまめに実施していました。この学校では、家からインターネット経由で行った宿題についても、リアルタイムに先生がチェックすることが可能だそうです。学校の授業ではカリキュラムに従い、オンライン上にあるデジタル教材を活用しながら授業が毎日行われていて、21世紀型スキルという、これからの社会で必要なスキルに対応することと、国際バカロレア（IB）に対応することが求められています。国際バカロレアとはグローバル人材育成の観点から世界共通の教育プログラムを持つものです。世界共通の大学入試資格制度もあり、日本でもこの国際バカロレア標準の学校を増やしていく方針となっています。

図16 クイーンズランド州のアプリ、QSchoolとマインドマップのアプリケーション

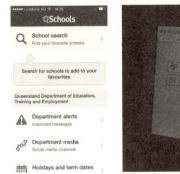
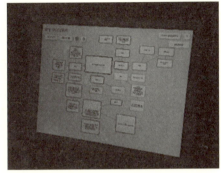

図17 QLD(クイーンズランド州)のジンダリースクールの授業風景(2014年8月)

図18　クイーンズランドアカデミー校の授業風景とPrep(日本では幼稚園年長にあたる年齢)**からのICTを使った授業風景**(2014年8月)

　2014年3月と8月にC2C（Education Queensland eLearning Technology Centre）を訪れ説明を受けました。ここは日本で言えば、文部科学省にあたります。C2Cでは、国が優秀と認め選抜した約50人の先生が教材内容を作成し、それをもとに150人以上のウェブクリエータがデジタル教材を作成していました。日本ではいろいろな会社が教材開発を行っているので、国が開発することはイメージしにくいかもしれませんが、オーストラリアでも紙の教科書のときは日本と同じに各会社が行っていました。しかし、デジタル教材にするときに、一定の基準を満たしたものを使わせることが、今後の国の将来を担う高度な人材を育てる基になるということで、多額の投資を行ったのです。クイーンズランド工科大学では日本の高専のような学校や工業高校からプログラミングの逸材を推薦で受け入れ、高度なプログラミング教育を行っていますが、政府の機関であるC2Cのデジタル教材の作成部門に就職する例もあるそうです。

　クイーンズランド州では、デジタル教材を活用するプラットフォームのシステムを構築した上で、クォリティの高い汎用性のあるデジタル教材を使うことを重視しています。このプラットフォームと豊富な

デジタル教材が、ICT教育への全面的な移行がスムーズに行われている要因だ思いました。

ここでは、先生が大学入試のための生徒の書類を作成する必要もありません。ただ大学側がプラットフォームを参照すればよいだけです。日本では高校生が大学に進学する際、先生が調査書などを作成したり、出席簿に記入しチェックしたりすることが先生側の負担となっていますが、ここではプラットフォーム上で簡単に学習者の出欠管理や、成績データ処理、学習者やその保護者とのやりとりができるため、先生の負担軽減になっています。

授業後にはすぐに、学習者から授業の評価をしてもらうことも可能です。生徒がとても難しかったという書き込みがあれば、先生は再度、同じレベルの問題をネット上で探して、次回の授業で行うこともあるそうです。こういった生徒からの評価結果が毎回の授業で表示され、その場で授業評価を行うことは、学習者のレベルに沿った学習に繋がり、とても効率がよいと感じました。

学習者から見ても、宿題の提出だけでなく、それに対して先生からコメントをもらうことができ、さらに蓄積された学習成果をどんどんアップデートすることが可能なシステムはとても便利です。テストもパソコン上で行うため、採点でも先生の負担が軽減されていました。

今度は教育アプリケーションの話をしましょう。先に述べたように、豊富なデジタル教材を有し、インターネットを使った授業を行うにあたり、タブレット端末で使うことのできるアプリケーションが開発されました。

QSchoolはいろいろな場面で活躍するアプリケーションです。学校から提供される最新ニュース、イベントやニュースレター、時間割などにもアクセスすることができ、さまざまな情報を見ることができます。また、災害などの緊急警報がプッシュ機能により通知され、更新

されたSNSの画面が順次表示されます。

　他のアプリも紹介しましょう。たとえば、国語の授業ではアプリケーションを使ったマインドマップを使ってロジカルシンキング（論理的思考）を育んでいました。アプリケーションの積極的な活用は特別な学校の事例ではなく、ICTを使ったコミュニケーションが学校においては日常の風景となっています。

　さて、日本と大きく違うことは、幼少期からのICT利活用です。クイーンズランド州では、日本で言えば、幼稚園年長にあたる年齢から義務教育が行われています。義務教育ではICT教育が必須なことから、ICT教育は、幼稚園年長から行うことになります。5、6歳の子どもたちがタブレット端末を使った授業を受けているという光景はとても驚くべきことですが、一気に学校が変わったということではないようです。まず、自由に使うことのできるパソコンを教室や廊下に常備配置するということからICT化をスタートさせたそうです。その後、日本の学校にあるようなパソコン教室の設置をして、さらに、ICT支援員も学校に来てもらうということをしたそうです。小学校2年生からオーストラリアのすべての国語の授業でメールの受送信をすることが必須となっているのですが、そのためには、全児童がアカウントをもらって、メールアドレスが設定されているということです。

6.5 韓国の事例

韓国の教育制度は日本ととても似ています。6-3-3制ですが、大きく違う点は飛び級制度と34人以下の少人数制が導入されているところです。国全体が教育、とくに大学進学について熱心で、大学進学率が高いことが特徴です。

デジタル教科書は教科書としての機能だけでなく、関連機関の学習資料との連携による幅広い学習資料を提供したり、既存の紙の教科書とほぼ変わらない筆記、ノート、メモ機能の提供、学習者側に合わせた進度管理と評価をしたりするなど、学生個々のレベルに合う学習が

図19　KERIS（韓国教育学術情報院）が出版したアプリ100選と授業のようす

可能な教科書を目指していると言われています。

　もともと韓国は1990年代にはすでにブロードバンド(高速インターネット)が導入されていて、2000年以来、インターネット、携帯電話などの普及は早かったのです。韓国はインターネットが重要なインフラとなっています。そこで学校にも情報化の波が起こっています。学校ではもう10年も前からNEIS(全国教育行政情報システム:National Education Information System)というシステムが導入されています。このシステムは主に、校務、生徒の情報、成績、学習履歴のすべての管理を行うものです。データは自治体にある教育庁のサーバーに集積され、日本の学習要録簿にあたる情報をインターネットにアクセスして入力、修正、閲覧できるものです。先生たちが児童・生徒の出欠や成績、健康情報も書きこむことがあります。成績や生徒会や部活の活動、生徒の作品までもが個々の履歴に入っていて、学習のようすを記録する機能も含まれています。

　NEISシステムを導入した目的は、受験競争が過熱してきているため、大学進学という点で、個人の活動を評価しようという声があがったためとも言われています。システム内に生徒の活動(たとえば、部活の大会での活躍や生徒会の活動、特技、作文・エッセイなど)や健康履歴が記録され、60年間e-ポートフォリオのような形で保存することになっているそうです。

　NEISシステムは保護者が学校のようす(宿題の内容、給食の献立、学級通信など)を見ることも可能です。児童生徒が先生方を評価するシステムや、保護者が先生を評価したり、同僚の先生を評価したりすることもあります。

　2010年9月に訪れた韓国ソウル市のグイル(Guil)小学校の社会科の授業では、1人1台のパソコンで、デジタル教科書を使った授業が行われていました。先生はデジタル教科書と電子黒板、電子教卓をつないで授業を行っていました。授業では、わからない所をGoogle

Mapなどを利用しながら、個別に調べ学習を行っているようすを見ました。翌年、同じ先生の同じクラスに行ったところ、グループワークでの学習スタイルとなっていました。学習者が共同で調べ学習を行い、積極的に自分の意見を述べる児童のようすが見られました。同じ先生と同じ児童でも学習方法が変わるとこんなにもクラスの雰囲気が変わるのだと感じました。

ところで韓国におけるICT支援員とは先生のことです。先生がICTの研修を受けたのちに、ICT支援員として各学校に行き、研究授業コーディネートや学習指導案のアドバイス、デジタル教材作成の手助けをするという役割を担っています。国の教育改革のスピードが速く、国の政府傘下の機関、KERIS（韓国教育学術情報院）では、デジタル教科書の授業についても効果的な授業の方法を模索したり、効果について調査したりということが行われています。

韓国の教育政策では、教育の情報化による格差解消を目指しています。低所得層の教育格差解消の支援内容としてパソコンを貸与したり、インターネット通信費の補助をしたりしています。国が業者と協力し、一般家庭より安い料金で提供する例もあります。教育格差が解消できるように情報化支援を行っているのです。無料の教育アプリケーションも国が推奨しています。

韓国では、授業で使用するツールはこれまでデスクトップなどのパソコンが中心でしたが、今では、タブレット端末、スマートフォンといったモバイル・メディア・プラットホームへと拡張され、いつでもどこでも学習可能なTheCyber Home Learning System（以下、サイバー家庭学習）が急速に拡大しています。サイバー家庭学習とは、インターネット上にある学校の課題を学習したり、動画を見て能動的に学習を進めたりするもので、先生がチャットで質問に答えてくれることもあります。この学習の目標は、子どもたちが自ら勉強する習慣を身につ

け、学校での学習内容しっかり習得することにあります。サイバー教育は一斉教育と違った学習スタイルの中で、個々のニーズに対応することが可能な教育スタイルです。サイバー学習したことが、センター入試の問題に出されることもあるそうです。自治体ごとに小中高校生を対象にパソコンを使って教育を受けることのできるサイバー家庭学習が開発されていています。紙媒体の教科書では学習内容に限界があるために、サイバー家庭学習を推進するというものです。

　2015年4月に大邱（テグ）市のセロン小学校を訪れた際、プログラミング教育が進んでいて驚きました。宿題はソフトを製作するというもので、それを1人ではなく友達とディスカッションしながら作るというケースがあるということでした。もともと2007年にはすでに国語の学習指導要領の中に、ニュースなどの動画メディアを使って学習するという項目も含まれていることでわかるように、時代に柔軟に合わせたカリキュラム改革が行われていて、授業に反映されているのです。

おわりに

　海外の学校へ視察に行くと、プログラミングの授業を見てみませんか？　とよく言われます。わざわざ日本から来たのだから見てください、と言わんばかりです。教室に入るとプロジェクターや電子黒板は日本製が少なくありません。日本は優れたIT機器をたくさん作っているIT先進国で、日本を目標にしている国もあります。

　貧困の連鎖という言葉を聞いたことがあるかもしれませんが、海外では内戦が続き、難民問題をかかえている国もあり、その連鎖を断ち切るためにプログラミングを学ばせるといった小学校もありました。教育の成果は10年後、20年後に出るということも少なくありませんから、子どもに生きる力をつけ、将来のことを考えてのことでしょう。

　私が訪れた国では、幼少期から必修でプログラミングが行われていました。日本は何歳から学校でやっていますか？　と聞かれることもあります。まだ中学校の技術・家庭科で必修、2020年から小学校でようやく必修化が始まる、と言うと意外だと驚かれることもありました。繰り返しますが、コンピュータを理解するためにプログラミングを学ぶことが先進国では始まっています。学校で早くプログラミングを教えて欲しいという保護者のニーズがあるということも聞きました。海外の学校訪問を繰り返すたびにプログラミングについての私自身の考え方が変わってきました。

　これまで私は、プログラミングというとパソコンの前でプログラムを黙々と打ち込むというイメージしかありませんでした。

難しそうだし自分の専門でもないし、と敬遠してきました。
　しかし、このようなことを海外で見聞きし、私もいろいろ試行錯誤しながら、プログラミングを専門分野とする先生方が身近にたくさんいるという恵まれた環境の中にたまたまいることもあり、プログラミングを教えてもらいました。確かにやってみると楽しく、はまってしまいます。しかし専門の先生方はそれぞれ言語を縦横無尽に操り、それぞれの言語について熟知されているので、私は先生方が既知のこととしていることすらわからずに、とても戸惑ってしまいました。入門書は売っていてもプログラミングの全体像について網羅している入門書が多くないことに気がつきました。
　実はかなりプログラミングが得意な人でも、全員が全員、複数の言語を使いこなせているわけではありません。この言語はわかるけれど、この言語は苦手といったこともままあります。そのような中で、ちょっとどんなものかを知るために手に取って、プログラミングをより理解できるような本が欲しいなとずっと思っていました。この本はまだ入門書の手前、プログラミングってどんなものかの入り口で手渡されるイメージで読んでみてください。たとえば、プログラミングが苦手な保護者の方でもお子さんが小学校に行って必修化になった場合、ナビゲートできるようにわかりやすく書いています。また、学校図書館に必ず置いてあるというイメージで読んでもらえたら幸いです。
　さて、「デザインする」という言葉を海外に行くとよく聞きます。日本でデザインと言えば、「ロゴなどを描く」というようなイメージを持つことが多いかもしれませんが、海外ではデザインは社会構造をクリエイトすることまでも指す場合があります。モノづくりにおいてもよい製品を作るだけではなく、販

路や販売先の使われ方までもがデザインの対象となるのです。もちろん教育がどう社会に関わっていくべきか、将来のビジョンを含めた社会システムをクリエイトするのもデザインの1つです。デザイン力や創造力はプログラミングにも必要な力です。こういった能力を幼いころから育てていくことで、これからの日本のスマートな社会を担っていくことができるのではと私は考えます。

　まず、プログラミングを始める時にこの本で全体の概要を理解してスタートしてください。

　最後に、出版にこぎつけていただき、私のイメージを形にしていただいた三省堂の飛鳥さんに感謝いたします。

2016年10月
編著者　上松恵理子

簡略用語集

*本文中で説明をしていない基本用語を抽出した。

アイコン
パソコンの画面にあらわれるファイルやプログラムを表す小さな絵。

ICT
Information and Communication Technology の略。IT (Information Technology) にコミュニケーションをつけたもの。

アセスメント
教育においては学習者に対するさまざまな評価を指す。

アプリ
アプリケーションの略。ゲームアプリ、通信アプリなど、パソコンやスマートフォンに入れることで特定機能が使えるようになる。

e- ポートフォリオ
個人の学習活動をデジタル化して蓄積するもの。

Instagram
アプリから写真を投稿し、公開してやりとりするネット上の SNS。

Windows
パソコンの OS (基本ソフト)。Mac 以外の機種のパソコンはほとんどが Windows を搭載している。

Web サーバ
ネット上でウェブページを公開するソフト。

Excel
Microsoft 社の表計算ソフト。

SNS
Social Networking Service。友人の繋がりを意識した通信サービス。

オーバヘッド
プログラムがこなす作業の負担 (が大きくなること)。オーバヘッドがあると動作速度が遅くなる。

オフィスツール
Word（ワープロ）、Excel（表計算）、PowerPoint（プレゼン）などのソフトのこと。

ガベージコレクション
プログラム中で使わなくなった領域を自動的に回収して再利用するしくみ。

クラウド
クラウドコンピュータの略。ネット上で管理者がサーバ群をcloud（雲）と呼ぶ。

クリック
マウスボタン押し、素早く離すこと。

構文エラー
テキスト型のプログラミング言語で、プログラムの書き方の不具合。

コンピテンシー
知識や技能だけでなく文脈や背景を理解し課題に対応できる能力。

サイト
ウェブページを公開している場所。

サイバー教育
インターネット上にあるサイバースペースで行われる教育。

制御構造
プログラムの実行において「繰り返し」「分岐」などの制御を行わせる機能。

セル
Excelなどの表計算ソフトの1つ1つの四角い領域。

ダイアログボックス
画面に表示させて「OK」や「キャンセル」を選択させるような対話用の一時的に出現する表示。

Twitter
短文を投稿し情報を共有するコミュニケーションサービスでSNSの1つ。URLや動画なども載せることができる。

テキストエディット
Windowsでの「メモ帳」に相当する、文字を打ち込んで保存できるソフト。

ドラグ
マウスなどで画面上のものを選択し、ボタンを押し下げた状態でそのものを動かす操作。

バージョン
ソフトウェアの複数の版(公開時期や機能の違う複数のもの)のうちの1つ。

ハードウェアレベル
コンピュータやコンピュータが制御する装置に直接働きかけること。

配列
複数のデータを並べて「何番目」を指定して取り扱うプログラミング言語の機能。

パズル機能
パズルのような形で楽しむことができるソフトウェアの機能。

ファイル
コンピュータの内部でデータを保管する単位。

Facebook
世界で多くの人が利用しているSNSの1つ。

ブラウザ
ウェブページを見るためのシステム。

プラットフォーム
ここでは学習プラットフォームを指し、学習に関わるさまざまなものをインターネットに接続し、情報を学習に活かす場のこと。

フリーソフト
無償で利用することのできるソフトウェア。

分岐機能
条件に応じて枝分かれして、複数の動作のうちどれか1つを実行する機能。

Mac
Macintoshの略。アップル社が製造・販売しているコンピュータ。

マインドマップ
思考を視覚化するための方法の1つでキーワードやイメージを中心に置き、線をつなげてマップのようにしていく方法。

メモ帳
Macでの「テキストエディット」に相当する、文字を打ち込んで保存できるソフト。

メモリ
コンピュータ内部でプログラムやプログラムが使うデータを保持する部分。

URL
ウェブページ1つ1つについているアドレス（識別文字列）で、「http://...」という形をしている。

YouTube
動画を投稿したり見たりできるネット上のサービス。

LINE
アプリからメッセージをやりとりでき、無料通話・無料メールなど、多機能なSNS。

Word
Microsoft社のワードプロセッサ（ワープロ）ソフト。

Wi-fi
ネットワークに接続したい機器を、無線（ワイヤレス）でLAN（Local Area Network）に接続できるもの。

主要索引

【あ行】

アルゴロジック … 044
アルゴロジックの画面 … 046
アルゴロジックの利点と弱点 … 044
WILMA … 104
Webブラウザ … 056
NEIS（全国教育行政情報システム） … 124
エレクトリックリーディング … 107
オブジェクト指向 … 053,061,065

【か行】

学習者中心（ラーナー・センタード） … 100
韓国のプログラミング教育 … 123
機器制御型の弱点 … 030
機器制御型の利点 … 030
QSchool … 121
教育用言語 … 025
教育用言語の弱点 … 026
教育用言語の利点 … 026
協働的・主体的学び … 072
クイーンズランド州（オーストラリア）のプログラミング教育 … 118
グラフィクス型言語の弱点 … 024
グラフィクス型言語の利点 … 023
グラフィクス型のプログラミング言語 … 023
KERIS（韓国教育学術情報院） … 125
合科（合教科） … 102
国際バカロレア（IB） … 118
COBOL … 018
コンピュテーショナルシンキング … 094

【さ行】

サイバー家庭学習（教育） … 125
C言語 … 063
C言語の利点と弱点 … 064
C2C … 120
C++ … 065
C++の利点と弱点 … 066
GUI … 023
自然言語 … 018
実行環境 … 026
事務計算 … 018
Java … 065
JavaScript … 056
JavaScriptの利点と弱点 … 057

Javaの利点と弱点 …………… 067	テキスト型言語の利点 ……… 021
情報学 ……………………………… 093	テキスト型のプログラミング言語
情報学分野の参照基準 ……… 095	…………………………………… 021
人工言語 ………………………… 018	デンマークのプログラミング教育
人工知能 ………………………… 089	…………………………………… 115
スウェーデンのプログラミング教育	ドリトル ………………………… 052
…………………………………… 109	ドリトルのプログラム編集画面
スクラッチ ……………………… 048	…………………………………… 054
スクラッチjr. …………………… 050	ドリトルの利点と弱点 ……… 053
スクラッチの簡単なプログラム	
…………………………………… 050	**【な行】**
スクラッチの利点と弱点 …… 049	21世紀型スキル ……… 072.118
スクリプト ……………………… 049	
スクリプト言語 ………………… 060	**【は行】**
スプライト ……………………… 049	Python …………………………… 061
Smalruby ………………………… 027	Pythonの利点と弱点 ………… 062
ソフトウェア型の弱点 ……… 032	反転授業（フィリップドクラスルーム）
ソフトウェア型の利点 ……… 031	…………………………………… 110
	汎用（一般用）言語 …………… 025
【た行】	汎用言語の弱点 ………………… 028
タートル ………………………… 053	汎用言語の利点 ………………… 027
タートルグラフィクス ……… 053	BYOD方式 ……………… 102.115
テキスト型言語の弱点 ……… 022	PISA ……………………………… 101

ビスケット ……………… 038	ものさし ……………… 020
ビスケットの開始画面 ……… 040	モバイル・メディア・プラットホーム
ビスケットの通常画面 ……… 040	……………… 125
ビスケットの利点と弱点 … 038	問題分割 ……………… 094
ファシリテーション ……… 081	
VBA ……………………… 058	**【ら行】**
VBAの利点と弱点 ……… 059	ライブラリ ……………… 027.060
フィンランドのプログラミング教育	離陸 ……………………… 073
……………… 102	Ruby ……………………… 060
Fortran ………………… 018	Rubyの利点と弱点 ……… 061
フレームワーク ………… 060	LEGO MINDSTORMS ……… 029
ブロードバンド ………… 124	LOGO …………………… 052
プログラミング言語 …… 018	
プログラミング言語のマップ … 019	
プロジェクトワーク …… 107	
分散処理 ………………… 094	
並列処理 ……………… 088.094	
変数 ……………………… 038	

【ま行】

MOONBlock ……………… 027
めがねを使った絵の書き換え … 038
メディアリテラシー ……… 112

主要参考文献

『Raspberry Pi ではじめるどきどきプログラミング』 増補改訂第 2 版
日経 BP、2016 年
阿部和広、石原淳也、塩野禎隆、星野 尚 著

『ドリトルで学ぶプログラミング』［第 2 版］
イーテキスト研究所、2011 年
兼宗 進、久野 靖 著

『10 才からはじめるプログラミング図鑑：
たのしくまなぶスクラッチ &Python 超入門』
創元社、2015 年
キャロル・ヴォーダマン 著、山崎正浩 訳

『小学生からはじめるわくわくプログラミング 2』
日経 BP、2016 年
倉本大資 著、阿部和広 監修、酒匂 寛 訳

『ドリトル、eBASIC による計測・制御とプログラミング』
イーテキスト研究所、2009 年
紅林秀治、青木浩幸 著

『いちばんはじめのプログラミング 〜 Scratch（スクラッチ）で、
作る楽しさ、考える楽しさをそだてる Scratch 2.0 対応〜』
マイナビ、2015 年
たにぐち まこと 著

『コンピュータを使わない情報教育 アンプラグドコンピュータサイエンス』

イーテキスト研究所、2007 年
ティム・ベルほか 著、兼宗 進ほか 訳

『ポスト・モバイル社会──セカンドオフラインの時代へ』
世界思想社、2016 年
富田英典編 著

『日経 Kids+ 親子で始めるプログラミング』
日経 BP、2016 年
日経 PC21

『5 才からはじめる すくすくプログラミング』
日経 BP、2014 年
橋爪香織、谷内正裕 著、阿部和広 監修

『ディジタル作法──カーニハン先生の「情報」教室──』
オーム社、2013 年
ブライアン・カーニハン 著、久野 靖 訳

『ディジタルネイティヴのための近未来教室──パートナー方式の教授法──』
共立出版、2013 年
マーク・プレンスキー 著、情報リテラシー教育プログラムプロジェクト 訳

『楽しく学ぶ アルゴリズムとプログラミングの図鑑』
マイナビ出版、2016 年
森 巧尚 著、まつむらまきお 絵

『ルビィのぼうけん こんにちは！プログラミング』
翔泳社、2016
リンダ・リウカス 著、鳥井雪 訳

著者紹介

上松恵理子（うえまつ　えりこ）
担当：はじめに、SECTION6

久野靖（くの　やすし）
理学博士。東京工業大学理工学研究科情報科学専攻博士後期課程単位取得退学。
現在、電気通信大学情報理工学研究科教授、筑波大学名誉教授。
担当：SECTION1 〜 4

萩谷昌己（はぎや　まさみ）
理学博士。東京大学理学系研究科情報科学専攻修士課程修了。
現在、東京大学情報理工学系研究科コンピュータ科学専攻教授。
担当：SECTION5

編集協力：㈱翔文社　　**本文組版**：マツダオフィス　梶原恵

上松恵理子（うえまつ　えりこ）

博士(教育学)。新潟大学大学院人文科学研究科情報文化専攻修士課程修了、新潟大学大学院現代社会文化研究科人間形成文化論専攻博士後期課程修了。
現在、武蔵野学院大学国際コミュニケーション学部准教授、早稲田大学招聘講師・研究員、国際大学GLOCOM・明治大学サービス創新研究所客員研究員、東洋大学・群馬大学・実践女子大学非常勤講師。
「教育における情報通信（ICT）の利活用促進をめざす議員連盟〈超党派〉」有識者アドバイザー、総務省「プログラミング教育事業推進会議」委員など。

小学校にプログラミングがやってきた！
超入門編

2016年12月10日　第1刷発行

編著者：上松恵理子
発行者：株式会社　三省堂　代表者　北口克彦
印刷者：三省堂印刷株式会社
発行所：株式会社　三省堂
　　　　　〒101-8371
　　　　　東京都千代田区三崎町二丁目22番14号
　　　　　電話　編集　(03)3230-9411
　　　　　　　　営業　(03)3230-9412
　　　　　振替口座　00160-5-54300
　　　　　http://www.sanseido.co.jp/

落丁本・乱丁本はお取り替えいたします
©Eriko UEMATSU 2016
Printed in Japan
ISBN978-4-385-36440-7
〈小学校プログラミング　超入門・144pp.〉

Ⓡ本書を無断で複写複製することは、著作権法上の例外を除き、禁じられています。本書をコピーされる場合は、事前に日本複製権センター(03-3401-2382)の許諾を受けてください。また、本書を請負業者等の第三者に依頼してスキャン等によってデジタル化することは、たとえ個人や家庭内での利用であっても一切認められておりません。